GESUND UND FIT MIT FRANK ROSIN

GESUND UND FIT MIT FRANK ROSIN

Erfolgreich abnehmen
mit dem persönlichen
Ernährungsprogramm
vom Sternekoch

DK

INHALT

LIEBE LESERIN, LIEBER LESER,

schön, dass Sie vorbeischauen. Vielleicht geht es Ihnen ähnlich wie mir: Als ich mit 40 Jahren aufhörte zu rauchen, machten sich hier und da die Kilos auf meinen Hüften breit. »Das hast du dir doch denken können!«, sage ich mir jetzt. Aber damals waren Kopf und Bauch nicht im Entferntesten im Einklang miteinander.

Die Entscheidung, mit dem Rauchen aufzuhören, war jedoch eine der Besten meines Lebens. Ich rieche und schmecke wieder besser und ich fühle mich von meiner Sucht nicht mehr getrieben. Die Pfunde jedoch finde ich nicht so prickelnd …

Ich bin ein leidenschaftlicher Genießer und habe Bock darauf, meinen Gästen »Schmackofatze« zu servieren. Das bringt mein Berufsleben als Sterne- und Fernsehkoch mit sich. Ohne Kochen bin ich nur ein halber Mensch. Das war mir sehr bewusst. Als Ausgleich machte ich immer Sport, das Gewicht ging jedoch nicht in die gesunde Richtung nach unten.

Mit einem Mal kam die Wende in meinem Kopf. Nur quatschen hilft nichts, also Schluss mit ungesundem Essen und Fast Food nach Feierabend. Nach meinem 50. Geburtstag wollte ich meinem Leben neuen Schwung geben. Mich vital fühlen, fit sein für die zweite Hälfte des Lebens, den schmerzenden Knien und dem Zwicken im Rücken möglichst entgehen. Viele alltägliche Dinge fielen mir damals bei Weitem nicht so leicht, wie ich es gern gehabt hätte. Und das lag eindeutig an meiner Körperfülle. Aber welcher Mann gibt das schon gerne zu?

Nach diesem Entschluss suchte ich nach einer für mich und meinen Alltag passenden Diät. Ich habe sie gefunden; heute ist es meine Lebenseinstellung. Ich habe in etwa vier Monaten mit gesunder Ernährung, viel Disziplin und Sport 15 kg abgenommen.

Sport ist schon immer ein großes Thema in unserer Familie gewesen. Das hat mir unheimlich geholfen. Mit meiner Sendung »Rosins Fettkampf« bei Kabel Eins bot sich mir eine Plattform, meine Motivation nach außen zu tragen. Ich liebe die Bühne und ich hatte keine Hemmungen, meine Wampe vor der Kamera zu präsentieren. Außerdem wollte ich natürlich im Fernsehen nicht als Verlierer dastehen, und das hat mich zusätzlich angespornt.

Wenn ich heute auf die Waage steige, sehe ich meinen Erfolg. Ich habe mein inneres Gleichgewicht gefunden. Gemeinsam werden wir auch Ihres finden. Das Schöne daran: Jeder Mensch darf seinen eigenen Weg gehen.

In diesem Buch präsentiere ich Ihnen über 70 gesunde und leichte Rezepte, von vegan und vegetarisch bis Low Carb und flexitarisch. Diese Gerichte haben weniger Kalorien, bieten aber genauso viel Genuss. Sie sind ideal für gesundes und langfristiges Abnehmen. Sie müssen nicht auf leckeres Essen verzichten, denn bei mir schmeckt's einfach. Ob Frühstücksideen, schnelle Gerichte oder Fitnessfood zum Mitnehmen. Inspiriert durch meine zahlreichen kulinarischen Reisen habe ich für Sie Hauptmahlzeiten aus der ganzen Welt zusammengestellt. Ich bin kein großer Fan von Nachspeisen, also werden Sie in diesem Buch auch keine finden. Ausreichend zu trinken, ist jedoch essenziell für das gesunde Abnehmen. Neben Wasser können Sie aus den tollen Alternativen im Kapitel Getränke wählen. Bier adé, mal ein Gläschen Wein darf sein!

Ich lade Sie herzlich ein, mich auf meinem Weg zu begleiten und dabei Ihren ganz eigenen zu finden.

Ihr

EIN-
LEITUNG

Mein Weg & Ihr Start

Seite 8 – 19

MEIN WEG – K(L)EINE HÜRDEN

Meine überzähligen Kilos habe ich mir nicht von heute auf morgen angefuttert. Daher war mir klar, dass auch der Rückweg zu meinem neuen »alten« Ich nicht über Nacht passieren würde. Schließlich ist der Mensch ein Gewohnheitstier und braucht extrem lange, um sich auf neue Dinge einzustellen.

Mir war immer bewusst, dass ich auf keinen Fall auf den Genuss beim Essen verzichten will. Als Koch mit eigenem Restaurant und in meinen TV-Sendungen bin ich ständig mit Essen konfrontiert. Dazu kommen mein neues Projekt »Green Rosin«, für das ich gesunde vegane und vegetarische Lebensmittel entwickle und vertreibe, sowie meine kulinarischen Reisen. All das bestimmt mein Dasein. Und es verführte mich auch dazu, ständig zu konsumieren.

Zum Glück habe ich irgendwann den Hintern hochgekriegt und losgelegt. Für mich sind seither zwei, maximal drei Mahlzeiten am Tag wichtig. Ein spätes Frühstück und ein frühes Abendessen. Oder, wenn es besser passt, auch ein Mittag- und ein Abendessen. Ich bin da nicht kategorisch, es muss eben immer auch zu meinem Tagesablauf passen. Das ist eine Frage des Lebensstils. Ich bin viel unterwegs, treffe mich mit Geschäftspartnern, bin im Restaurant oder auf Reisen. All das gehört ganz fest zu meinem Alltag. Daher habe ich mich für einen Ernährungsstil entschieden, der das mitträgt. Diese Art der Ernährung, die ich Ihnen hier vorstelle, lässt sich sehr gut in meinen Alltag integrieren und ist unkompliziert. Ich muss keine öden Kalorien zählen und kann mich satt essen. Womit, fragen Sie sich? Blättern Sie durch die Rezepte ab Seite 20.

Wenn wir ständig Essen in uns reinschaufeln, fehlen dem Körper die Pausen, um an die Reserven, das gespeicherte Fett, zu gehen. Das ist ein Teufelskreis! Jetzt gebe ich meinem Körper eine lange Essenspause. Zwischen der letzten Mahlzeit des einen Tages und der ersten Mahlzeit des neuen Tages liegen bei mir idealerweise bis zu 16 Stunden. Die Ruhezeit, die ich so meinem Körper biete, also die Fastenzeit, kurbelt den Stoffwechsel an und gibt dem Körper den Anreiz, Fett zu verbrennen. Die überflüssigen Pfunde schmelzen.

Glauben Sie nicht, dass es so einfach ist? Den Erfolg sieht man auf der Waage. Das heißt jedoch nicht, dass man zu den Essenszeiten alles in sich reinstopfen kann, was geht. Wer abnehmen will, darf dem Körper nur weniger geben, als er verbrennt. Das sagt einem der gesunde Menschenverstand.

FÜR IHRE KOSTBARE GESUNDHEIT

Mein neuer Ernährungsstil basiert auf drei Pfeilern: meine Art des Intervallfastens 16:8 in Kombination mit einer Low-Carb-Ernährung und Sport. Dabei verzichte ich so weit wie möglich auf tierische Produkte, esse aber gelegentlich ein gutes Stück Fleisch. Fisch gehört weiterhin zu »meinen« Lebensmitteln.

16:8

Das Konzept ist simpel: In einem Zeitraum von acht Stunden darf gegessen werden, in den übrigen 16 Stunden wird gefastet. Diese Form der gesunden Ernährung ist gerade in allen Medien zu finden. Muss ja deshalb nicht schlecht sein; für mich ist das Intervallfasten superpraktisch. Am Anfang erschien mir die Zeit zwischen der letzten Mahlzeit abends und der ersten Mahlzeit am nächsten Vormittag natürlich unendlich lang. Ich kann Ihnen das Geheimnis verraten: Gewöhnen Sie Ihren Körper langsam daran und beginnen zum Beispiel mit zwölf Stunden Fasten und zwölf Stunden, in denen Sie essen können. Anschließend erhöhen Sie zum Beispiel alle zwei bis drei Tage die Fastenstunden. Irgendwann finden Sie die passende Zeitspanne. Auch alles dazwischen ist vollkommen in Ordnung.

Der erste Schritt: Nach dem Abendessen einfach mal auf jegliche Snacks verzichten. Fernsehen und nebenbei essen, da verliert man ganz schnell das Gefühl für die Menge und ruckzuck ist die Tüte Erdnüsse leer.

Ich war nie ein Freund vom Fasten. Aber einfach mal 16 Stunden nichts zu essen, dem Körper die Gelegenheit zu geben, alles komplett zu verarbeiten, erscheint mir sinnvoll. Wir müssen ein Leben des Ausgleichs führen. Wie Ebbe und Flut. Dem Körper Essen und vor allem Nährstoffe zur Verfügung stellen und dann wieder Zeit geben, um alles zu verwerten. Das hilft auch den inneren Prozessen. Die Haut kann sich regenerieren, Fett wird in Muskelmasse umgewandelt, Giftstoffe werden abtransportiert. Anfänglich ist das nicht so einfach. Aber machen Sie sich einfach frei, auch gedanklich. Wenn man sich immer wieder sagt: »Ich habe Hunger!«, dann ist das Gehirn auch darauf programmiert. Versuchen Sie es mal mit »Ich habe keinen Hunger«. Es funktioniert! Nach einer Weile. Und natürlich muss man sich auch ein bisschen treten, ohne Disziplin geht da nichts.

Gewohnheitstier Mensch

Geben Sie auch Ihrem Stoffwechsel die Möglichkeit, zu trainieren. Schieben Sie ruhig einmal pro Woche einen Heute-esse-ich-was-ich-will-Tag ein. Das ist auch gut für das seelische Gleichgewicht. Dann darf es Currywurst aus der Pommesbude oder ein großer Teller Pasta sein.

Low Carb

Seit einigen Jahren in aller Munde, habe auch ich diese Art der Ernährung für mich entdeckt. Auf den Punkt gebracht bedeutet sie, dass man die Zufuhr von Kohlenhydraten reduziert. »Carb«, die Abkürzung für *carbohydrates*, ist der aus dem Englischen stammende Begriff für Kohlenhydrate. Aber nicht alle von ihnen sind per se schlecht.

Die einfachen Kohlenhydrate, die kurze und damit schnell verdauliche Zuckerketten bilden, sind vor allem in verarbeiteten Produkten mit Weißmehl, in Süßigkeiten und stärkehaltigen Sättigungsbeilagen (Kartoffeln, Nudeln, Reis), Fertigprodukten, Fast Food und zuckerhaltigen Getränken enthalten. Sie gelangen sofort ins Blut, der Blutzucker steigt schnell an. Darauf reagiert der Körper mit dem Hormon Insulin, um den Blutzuckerspiegel zu senken. Der Blutzucker sinkt ebenso schnell, das Hungergefühl ist wieder da. Die tatsächlich hilfreichen Kohlenhydrate dagegen bestehen aus langkettigen Zuckermolekülen. Sie werden im Körper langsamer verdaut und gehen somit auch gemächlicher ins Blut über; ein lange anhaltendes Sättigungsgefühl tritt ein. »Gute« Kohlenhydrate stecken unter anderem in Hülsenfrüchten, Vollkorngetreide oder Vollkornreis.

Und wie kommt man mit weniger Kohlenhydraten aus? Der Magen braucht eine bestimmte Menge an Essen, um auf »satt« umzuschalten. Ich halte mich an eine moderate Form von Low Carb mit etwa 100 g Kohlenhydraten pro Tag; strengere Pläne sehen 30 g vor. Wenn Sie sich bisher nicht viel mit Lebensmitteln beschäftigt haben, ist jetzt der Zeitpunkt für die Wende gekommen. Alle verpackten Lebensmittel müssen die enthaltenen Nährwerte kennzeichnen: Kalorien sowie der Kohlenhydrat-, Eiweiß- und Fettgehalt pro 100 g. Ein Blick darauf schärft das Bewusstsein. Je weniger Kohlenhydrate ein Lebensmittel pro 100 g oder pro Portion hat, umso mehr können Sie davon essen.

Auf Gemüse stehe ich total. In Kombination mit gesunden Fetten, zum Beispiel aus Nusskernen, Samen, Avocado oder Olivenöl, und einer ordentlichen Portion Eiweiß ist die perfekte Mahlzeit gefunden. Eiweiß sättigt lange, hält den Blutzucker niedrig und verhindert Muskelabbau. Eine Ernährung mit viel Gemüse, ergänzt durch Eiweiß, war für mich also der absolute (Fett-)Burner.

»Low« ≠ »No«

Als Faustregel gilt: Genießen Sie etwa 100 g Kohlenhydrate pro Tag, verteilt auf zwei oder drei Mahlzeiten. Ich habe für Sie die gesunden Kohlenhydrate ausgesucht, die aus der Natur stammen, aus Hülsenfrüchten, Gemüse, Vollkorn. Und ab und zu sündigen, damit der Stoffwechsel nicht in Langeweile verfällt.

Schubladendenken erwünscht!

Morgens sind die Schubladen leer. Der Körper ist aufnahmebereit und kann Energie vertragen. Füllen Sie diese mit sinnvollen Zutaten. Für die herzhaften Frühstücker steht Gemüse an erster Stelle. Dazu Vollkorn, das ist gesund, macht satt und enthält viele Ballaststoffe. Obst und Früchte sind ebenso wichtig. Mit naturbelassenen Milchprodukten und Nusskernen oder Samen ist das der optimale Start in den Tag.

Trinken Sie reichlich! Wasser hat unter anderem die Aufgabe, Nährstoffe im Körper zu den Zellen zu transportieren und Giftstoffe abzutransportieren. Ohne genügend Wasser funktioniert das nicht. Dann sind wir müde, gereizt, können schlecht denken und bekommen womöglich Kopfschmerzen. Ich fülle mein Reservoir morgens mit etwa 500 ml Wasser auf: frisch aus der Leitung, mit Ingwer oder anderen Zutaten aromatisiert, oder Tee (Rezepte ab S. 160).

Lightprodukte, sowohl bei Getränken als auch bei Lebensmitteln, habe ich aus meinem Leben verbannt. Sie sind randvoll gefüllt mit Zuckeraustauschstoffen, Aroma- und Farbstoffen. Nichts von alldem braucht unser Körper, um funktionieren zu können. Je ursprünglicher unsere Ernährung ist, umso wertvoller und gehaltvoller ist sie. So wie Oma noch gekocht hat, das sollte unser Vorbild sein. Deren Suppen und Saucen waren zwar noch sehr fetthaltig, es wurde schließlich immer mit Butter und Sahne gekocht. Das brauchen wir bei unserer häufig sitzenden Tätigkeit heute natürlich nicht mehr. Aber im Großen und Ganzen war es eine ehrliche Hausmannskost mit guten Lebensmitteln. Dahin müssen wir zurück, auch zum Wohle unserer Kinder.

Kinder gucken sich alles ab

Ich bin mit Leib und Seele Vater. Die Zeit mit meinen Kindern ist mir außerordentlich wichtig. Alles, was wir an Essen in uns reinstopfen, speichern unsere Kinder als »gut« ab. Egal, ob es der Döner von der Bude nebenan ist oder die Gemüsesuppe mit pochiertem Ei und frischen Kräutern. Nutzen Sie bitte die Chance, Ihren Kindern gutes, gesundes und wertvolles Essen beizubringen. Ihre Vorbildwirkung ist dabei nicht zu unterschätzen.

Klassische Kohlenhydratfallen umgehen

- Burger
  Burger mit einer Scheibe Vollkornbrot, Rindfleischpatty, viel Salat & Gemüse
- Paniertes Schnitzel
  Schnitzel natur gebraten mit Salat oder Gemüsebeilage
- Sahne- oder Cremeeis
  »Nicecream«, also gefrorene Banane oder Beeren mit Joghurt cremig gemixt
- Pizza
  Statt Pizzateig den Boden aus gehäckseltem Blumenkohl zubereiten
- Limonade
  Infused Water oder Iced Tea (s. S. 160 ff)
- Saft
  Smoothies mit großem Gemüse- oder Salatanteil
- Pudding
  Sojajoghurt mit frischen Beeren oder Obst
- Kekse, Salzstangen oder Chips
  ungesalzene Nusskerne
- Weißbrot
  Vollkornbrot mit hohem Anteil an Nusskernen, Samen & Kernen

Fit für den Alltag

Ich bin viel auf Reisen und unterwegs. Bin ständig mit Essen konfrontiert: Ich bekomme Einladungen zum Essen, soll hier und dort probieren. Für meinen neuen Lebensabschnitt musste ich da ganz schön diszipliniert sein! Jetzt kommt's: Warten Sie nicht darauf, dass jemand anderes den Hintern für Sie hochkriegt. Es wird nicht passieren. Und: Kopf einschalten und nachdenken, bevor man wieder nur irgendeinen Mist in sich reinfuttert. Das hat alles auch mit Wissen zu tun. Wenn wir ein neues Smartphone kaufen, vertiefen wir uns in die Bedienungsanleitung, bis wir das unwichtigste Gimmick ausprobiert haben. Aber das, was uns ganz nahegeht, unsere Nahrung, darum scheren wir uns einen Dreck. Damit ist jetzt Schluss!

Ich plädiere für Selberkochen, nicht nur, weil es meine Profession ist, sondern weil Sie sich dadurch ganz automatisch mit dem auseinandersetzen (müssen), was auf den Tisch kommt. Beim Essen kennt der Koch jeden Löffel Öl, jede Prise Zucker und jedes Gewürz. Das schärft das Bewusstsein und führt automatisch zu einer gesünderen Zubereitung.

Jetzt mal ganz einfach gesagt: Die Hälfte des Tellers mittags und abends mit Gemüse füllen, und Sie sind auf der sicheren Seite. Kombiniert mit Tofu, Fisch, selten Fleisch, Pseudogetreide oder Hülsenfrüchten, und den Kilos geht es an den Kragen! Beispiele für Pseudogetreide sind etwa Quinoa, Amaranth oder Buchweizen. Sie ähneln in ihrem Aussehen den klassischen Getreidekörnern und werden häufig auch so verwendet. Eiweiß ist wichtig für gesundes Abnehmen und damit die Muskeln nicht auch gleich noch schmelzen. Bei Heißhunger also einfach mal zwei gekochte Eier essen. Hilft super und hält lange satt.

Brechen Sie nichts übers Knie. Die Kilos, die Sie sich über die Jahre angefuttert haben, brauchen auch Zeit, um wieder zu verschwinden. Verzichten Sie nach und nach auf die geliebten Nudeln oder Kartoffeln. Verschieben Sie die Verhältnisse von sättigenden Beilagen und Gemüse immer etwas mehr zugunsten des Gemüses: Irgendwann ist der Kopf soweit, das zu akzeptieren. Wenn sich der Kopf wehrt, werden Sie nicht weit kommen.

Deshalb zeige ich Ihnen in diesem Buch, was mich auf meinem Abnehmweg begleitet hat. Beim Golfen sagt man »seinen eigenen Schwung finden«. So ist das im Leben, und beim Abnehmen ist es auch nicht anders.

Industrieprodukte & Zucker

Verzichten Sie am besten vollständig auf industriell hergestellte Lebensmittel. Dann umgehen Sie die fiesen Fallen der Hersteller. Zucker zum Beispiel erkennt man an Bezeichnungen wie Glukose, Fruktose, Laktose, Maltose, Maltodextrin, Saccharose, Dextrose und den Endungen auf -sirup, Malzextrakt oder auch Gerstenmalz. Oftmals werden zum Beispiel bei Müslimischungen verschiedene Zuckerarten verwendet, damit an erster Stelle der Inhaltsstoffe das (Voll-)Korn stehen kann. Da die Inhaltsstoffe nach den enthaltenen Mengen aufgelistet werden müssen, verschleiert man so geschickt und irreführend die Gesamtmenge an Zucker.

Vegan – vegetarisch – bleiben Sie flexibel!

Ich verbiete mir nichts, aber ich lebe und esse bewusst. Ich weiß also, was meinem Körper guttut, und kriege es auch meistens hin, ihm genau das zuzuführen. Gemüse und Obst machen 60 bis 70 Prozent meiner Ernährung aus. Aber zu jedem Leben gehört eben auch mal ein Gläschen in Ehren (am besten trockener Weißwein, denn der lässt den Insulinspiegel unten) oder ein Teller (Vollkorn-)Pasta. Ich komme mit wenig Fleisch aus, aber eine Hähnchenbrust oder ein gut abgehangenes Steak, das muss auch mal sein. Ansonsten gibt es bei mir immer mal wieder Tofu.

Snacks – der Verführung widerstehen

Zwischendurch kommt der Heißhunger, besonders in der Anfangsphase, wenn der Bauch sich mit dem Kopf arrangieren muss. Vor allem, solange der Körper noch an die kohlenhydratreichen Mahlzeiten, vielleicht sogar mit reichlich Zucker gespickt, gewöhnt ist. Das ist fast ein bisschen wie Entzug …

Dagegen helfen ein bis zwei kleine Snacks pro Tag, wenn es gar nicht mehr anders geht. Später lässt dieser Drang nach, Sie werden es am eigenen Leib erfahren. Für solche Gelegenheiten helfen zum Beispiel eine Handvoll naturbelassene Nusskerne, auch ein kleiner säuerlicher Apfel, eine Nektarine oder eine Handvoll Beeren sind praktisch, weil schnell zur Hand. Und sie halten den Blutzuckerspiegel unten. Vielleicht hilft Ihnen auch eine Tasse Kaffee oder Tee, um über den Heißhunger hinwegzukommen.

Für den Anfang gebe ich Ihnen noch mit …

Weichen Sie Nusskerne 1–2 Stunden in kaltem Wasser ein, sie schmecken dann wie frisch vom Baum oder Strauch.

Nein, Gemüse kann gar nicht langweilig werden: gebraten aus der Pfanne, mit dem Spiralschneider zu Nudeln verarbeitet, als Ofengericht vom Blech, aus dem Wok, gehäckselt statt Reis oder Couscous (vor allem Blumenkohl und Brokkoli eignen sich dazu), püriert als Suppe oder Püree, gebraten als Puffer oder Rösti, in Nussbröseln gebacken als vegetarisches Schnitzel, als Gemüsepommes, statt Pizzateigboden, als Gratin, vom Grill, in Olivenöl und Knoblauch eingelegt, als Salat oder mit Dip als Rohkost …

Kaufen Sie sich eine Körperfettwaage. Hier können wir wirklich mal von der neuen Technik profitieren. Sie sehen Ihren Körperfettanteil und entsprechend auch, ob Sie beispielsweise Fett oder Muskeln abbauen. Das ist eine super Orientierung und hilft außerdem bei der Disziplin. Aber: nicht jeden Morgen draufsteigen, das frustriert und bringt nichts. Ein bis zwei Mal pro Woche lese ich die Tendenz meines Gewichts ab, und das motiviert mich meistens ungemein.

Was bedeuten die Symbole bei den Rezepten?

VGT VEGETARISCH

VG VEGAN

GF GLUTENFREI

LF LAKTOSEFREI

10 GOLDENE REGELN

1 Trinken Sie ausreichend!

Etwa 30 ml pro kg Körpergewicht pro Tag sollten es sein. Wasser, Infused Water, selbst gemischte Schorlen im Verhältnis von vier Teilen Wasser zu einem Teil Saft und kalte oder warme Tees sowie Kaffee in Maßen sind erlaubt. Aber Hände weg von gesüßten und zuckerhaltigen Limonaden, Säften, Fruchtnektaren, Energydrinks, sogenannten Sport-, Wellness- oder Fitnessgetränken. Oftmals sind Drinks, die besonders gesund klingen, alles andere als förderlich. Für eine bessere Verdauung schwöre ich morgens auf ein bis zwei Gläser heißes Wasser. Das bringt Darm und Kreislauf in Schwung.

2 Lassen Sie den Zucker weg!

Über die schlechten Auswirkungen von Haushaltszucker haben Sie bestimmt schon gelesen. Ab und zu braucht ein Gericht aber auch einen Hauch Süße. Alternativen wie Honig, Ahornsirup oder Agavendicksaft sind ebenso süß und enthalten viele Kohlenhydrate, aber sie sind natürliche Alternativen mit einer gebremsten Wirkung auf den Blutzuckerspiegel. Machen Sie einen großen Bogen um Fertigbackwaren und Süßigkeiten aus dem Supermarkt!

3 Genießen Sie 2–3 Mahlzeiten am Tag

Diese enthalten idealerweise 200–300 g Gemüse und werden mit Eiweiß aus Soja, Fisch und selten Fleisch aufgehübscht. Saucen anstelle von Sahne besser mit Brühe und Olivenöl zubereiten. Joghurt ist auch eine gute Alternative zu Sahne. Viele frische Kräuter bringen Geschmack, Farbe und eine extra Portion Vitamine ins Spiel.

4 Füllen Sie Ihre Vorräte sinnvoll auf

Am Morgen sind die Speicher im Körper leer. Vor allem, wenn eine 10–16-stündige Pause seit der letzten Mahlzeit eingehalten wurde. Greifen Sie zu Vollkorn, Obst, Gemüse, Eiern, Naturjoghurt, Nusskernen und füllen Sie die Speicher auf. Wenn Sie kein Frühstücker sind, kein Problem, dann ist das Mittagessen eben die erste Mahlzeit. Dann gerne Hülsenfrüchte oder Pseudogetreide zum Gemüse wählen.

5 Reduzieren Sie tierische Fette

Olivenöl ist meine erste Wahl! Ernähren Sie sich vegetarisch und vegan, werden Sie zum Flexitarier. Der weitgehende Verzicht auf Fleisch führt meist automatisch zu einer gesünderen Ernährung. Greifen Sie zu Tofuprodukten, natur oder geräuchert, Eiern, Meeresfrüchten, Fisch. Hülsenfrüchte und Nusskerne enthalten wichtiges pflanzliches Eiweiß. Gegen Milchprodukte in natürlicher Form (also keine gezuckerten Joghurts) und ab und zu Käse spricht übrigens nichts.

6 Sport darf Alltag werden

Ich schwöre auf ein Kombitraining aus Ausdauersport und Muskelaufbau. Wie wäre es mit ein paar einfachen Fitnessübungen (s. S. 176 ff)? Das lässt die Pfunde schmelzen und powert so richtig aus. Auch Sport in der Gruppe ist super, denn die Motivation ist inbegriffen. Weil man ja nicht der Depp sein will, der schon wieder geschwänzt hat. Und nicht günstig, aber umso effektiver: Ein Personal Trainer holt noch 30 Prozent mehr aus einem heraus.

7 Vollkorn statt Zuchtweizen

Ein Vollkornbrot darf nur so heißen, wenn es zu mindestens 90 Prozent aus dem vollen Korn besteht. Kraftbrot, Wellnessbrot, Körnerbrot oder optisch dunkle Brote sind Augenwischerei und haben nichts mit Vollkorn zu tun. Backen Sie einfach selbst, das ist kein Hexenwerk. Mein kerniges Brotrezept ohne Weizen finden Sie auf Seite 90. Es ist auch mal eine Portion (Vollkorn-)Pasta erlaubt. Mit viel Gemüse ist sie perfekt. Haben Sie sich bisher jeden dritten Tag von Pasta ernährt, wird der Körper auch nicht von heute auf morgen akzeptieren, dass es die geliebten Nudeln plötzlich nicht mehr gibt. Tricksen Sie ein bisschen und mischen Sie etwa Vollkornnudeln mit Gemüsespaghetti (aus dem Spiralschneider). Verhältnisse immer wieder anpassen, bis der Kopf es akzeptiert.

8 Ein Gläschen in Ehren!

Alkohol im Körper führt dazu, dass die Fettverbrennung gebremst wird. Vor allem Bier, Cocktails und Mixgetränke enthalten viele Kalorien und sind keineswegs Low Carb. Trockener Weißwein enthält vergleichsweise wenige Kohlenhydrate und ist somit am ehesten zum gelegentlichen Genuss zu empfehlen.

9 Leben Sie im Einklang mit sich selbst!

Hören Sie auf Ihren Körper. Der angestrebte Ernährungsstil muss zu Ihrem Leben passen. Nur wenn Körper, Geist und Seele im Einklang miteinander sind, kann ich auch etwas ändern. Auch die kleinen Schritte sind wichtig. Und verzeihen Sie sich kleine Ausrutscher. Bei der nächsten Mahlzeit haben Sie wieder die Chance, alles richtig zu machen. Nur Sie leben in Ihrem Körper, er sollte Ihnen eine bewusste und gesunde Ernährung wert sein.

10 Dessert vs. Sport

Männer ab 50 können alles essen, nur kein Dessert. Ihr Dessert sind ab heute die Fitnesseinheiten mit der fabelhaften Trainerin Irène Scholz (s. S. 176 ff). Das Dreigestirn gesunde Ernährung, Sport und die eigene Reflexion sind entscheidend. Setzen Sie sich Ziele, die realistisch sind. Wenn die Lust auf ein Dessert im Restaurant doch mal kommt, einfach teilen. Auch wenig macht das Gehirn froh. Oder auf ein Stück Käse oder eine Kugel Sorbet ausweichen. Von Irène habe ich gelernt: Ich kann das! Und damit können Sie das auch. Viel Spaß beim Schwitzen!

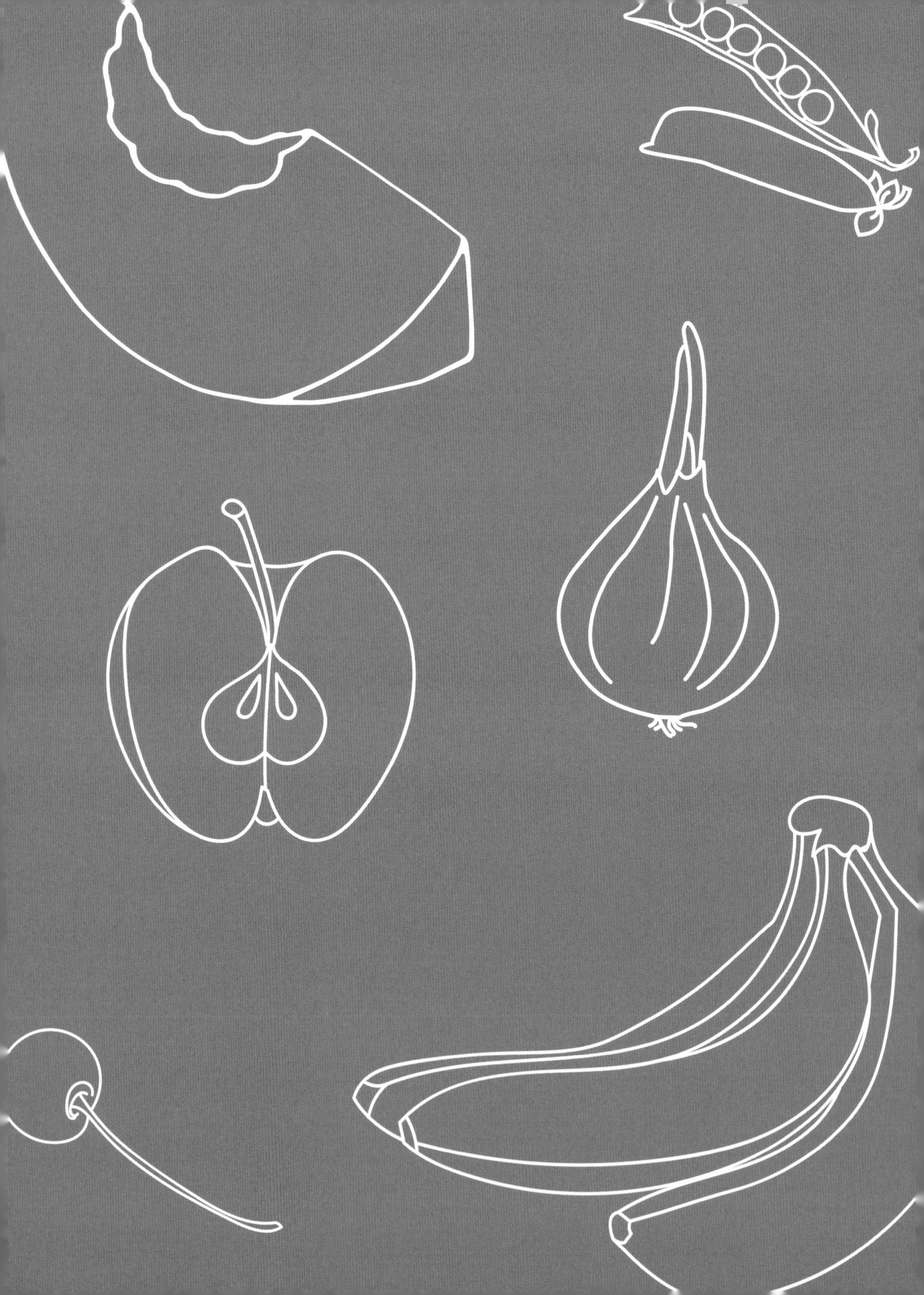

FRÜH-
STÜCK

Der perfekte Start

Seite 20 – 43

PORRIDGE MIT BEEREN & WALNUSSKERNEN

2 Personen
Garzeit 10 Minuten

VG LF

Zutaten
75 g Haferflocken (Feinblatt)
350 ml Sojadrink natur, ungesüßt
1 Prise Salz
30 g Walnusskerne
150 g frische Beeren (oder TK-Ware, aufgetaut)
2 TL Ahornsirup (nach Belieben)

Nährwerte pro Portion
14 g Eiweiß
16,7 g Fett
34,4 g Kohlenhydrate
365 kcal
1523 KJ

In einem Topf die Haferflocken mit Sojadrink und Salz kurz aufkochen. Vom Herd nehmen und den Porridge im Topf mit aufgelegtem Deckel 5 Minuten quellen lassen.

Den Porridge auf Schüsseln verteilen, die Walnusskerne mit den Fingern grob zerbrechen und ebenso wie die Beeren auf dem Porridge verteilen. Nach Belieben mit 1 TL Ahornsirup pro Portion beträufeln.

Tipp: Spielen Sie mit den Komponenten! Dinkelflocken oder eine Flockenmischung wie auf den folgenden Seiten passen gut zum Porridge. Wer mehr Biss mag, frischt das Ganze mit Sonnenblumenkernen, gehackten Mandeln und grob gehackten Cashewkernen auf.

Bei den Beeren am besten das saisonale Angebot aus der Region beachten; ansonsten besser tiefgekühlte Beeren verwenden als eingeflogene Produkte aus Übersee.

HAFER-MANDEL-GRANOLA

Ergibt etwa 650 g
Backzeit 25 Minuten

VG LF

Zutaten
400 g Haferflocken (Großblatt)
200 g Mandelstifte
50 g gepuffte Quinoa
2 Prisen Salz
60 ml neutrales Pflanzenöl
60 ml Ahornsirup

Den Backofen auf 160 °C (Ober-/Unterhitze, 140 °C Umluft) vorheizen. In einer Schüssel die Haferflocken mit Mandelstiften, Quinoa und Salz vermischen. Öl, Ahornsirup sowie 120 ml Wasser untermengen. Alles auf einem mit Backpapier ausgelegten Backblech gleichmäßig verteilen. Im Backofen etwa 25 Minuten backen, nach der Hälfte der Backzeit einmal durchrühren. Das Granola vollständig abkühlen lassen.

In einer Frischebox luftdicht und trocken aufbewahren.

Nährwerte pro Portion (80 g)
10,5 g Eiweiß | 9,5 g Fett | 32,0 g Kohlenhydrate | 358,7 kcal | 1495 KJ

DINKEL-KOKOS-GRANOLA

Ergibt etwa 650 g
Backzeit 25 Minuten

VG LF

Zutaten
400 g Dinkelflocken
40 g Sesam
2 Prisen Salz
40 g Rohrohrzucker
60 g Kokosöl, zimmerwarm
120 g Kokosspäne

Den Backofen auf 160 °C (Ober-/Unterhitze, 140 °C Umluft) vorheizen. In einer Schüssel die Dinkelflocken mit Sesam, Salz und Zucker vermischen. Das Kokosöl und 120 ml Wasser zu den trockenen Zutaten geben. Alles gründlich vermengen und auf einem mit Backpapier ausgelegten Backblech gleichmäßig verteilen. Im Backofen etwa 25 Minuten backen, nach der Hälfte der Backzeit einmal durchrühren. Das Granola vollständig abkühlen lassen.

Die Kokosspäne untermischen. Das Knuspermüsli in einer Frischebox luftdicht und trocken aufbewahren.

Nährwerte pro Portion (80 g)
7 g Eiweiß | 16,2 g Fett | 30,0 g Kohlenhydrate | 298 kcal | 1251 KJ

AMARANTH-KIRSCH-GRANOLA

Ergibt etwa 650 g
Backzeit 25 Minuten

VG LF

Zutaten
400 g Getreideflocken-Mischung (etwa aus Dinkel, Hafer, Roggen, Gerste)
50 g gepuffter Amaranth
75 g Leinsamen
2 Prisen Salz
1 TL gemahlener Zimt
60 g neutrales Pflanzenöl
100 g getrocknete Kirschen

Den Backofen auf 160 °C (Ober-/Unterhitze, 140 °C Umluft) vorheizen. In einer Schüssel die Getreideflocken mit Amaranth, Leinsamen, Salz und Zimt vermischen. Das Pflanzenöl mit 120 ml Wasser unterheben und die Mischung auf einem mit Backpapier ausgelegten Backblech gleichmäßig verteilen. Im Backofen etwa 25 Minuten backen, nach der Hälfte der Backzeit einmal durchrühren. Das Granola gut abkühlen lassen.

Die Kirschen grob hacken, untermengen und das Knuspermüsli in einer Frischebox luftdicht und trocken aufbewahren.

Tipp: Die Trockenfrüchte können Sie ganz nach Belieben variieren. Sie enthalten reichlich Fruchtzucker, deshalb kommt dieses Granola ohne weiteren Zucker aus.

Nährwerte pro Portion (80 g)
7,2 g Eiweiß | 10,5 g Fett | 37,0 g Kohlenhydrate | 276 kcal | 1158 KJ

Tipp: Natürlich gilt bei meinen Granolas das Prinzip »Mix 'n' Match«. Solange Sie die Gewichtung von Körnern, Früchten, Nüssen und so weiter im Auge behalten und ausgewogen kombinieren, können Sie die Zutaten zusammenmischen, die Ihnen am besten schmecken. Probieren Sie einfach immer mal was Neues aus, so bleibt's beim Frühstück abwechslungsreich.

HAFER-MANDEL-GRANOLA
(s. S. 24)

DINKEL-KOKOS-GRANOLA
(s. S. 24)

AMARANTH-KIRSCH-GRANOLA
(s. S. 25)

SCHOKO-CASHEW-GRANOLA
(s. S. 28)

GRANOLA MIT MANGO & SESAM
(s. S. 29)

SCHOKO-CASHEW-GRANOLA

Ergibt etwa 650 g
Backzeit 25 Minuten

VG LF

Zutaten
100 g Cashewbruch
400 g Getreideflocken-Mischung (etwa aus Dinkel, Hafer, Roggen, Gerste)
50 g gepuffte Quinoa
2 Prisen Salz
75 g Ahornsirup
60 g Kokosöl, zimmerwarm
25 g Kakaopulver
20 g Kakaonibs

Nährwerte pro Portion (80 g)
8,3 g Eiweiß
12,8 g Fett
37,2 g Kohlenhydrate
299 kcal
1254 KJ

Den Backofen auf 160 °C (Ober-/Unterhitze, 140 °C Umluft) vorheizen. In einer Schüssel den Cashewbruch mit Getreideflocken, Quinoa und Salz vermischen. Ahornsirup, Kokosöl sowie 120 ml Wasser zugeben und gründlich vermengen. Auf einem mit Backpapier ausgelegten Backblech gleichmäßig verteilen. Im Backofen 25 Minuten backen, nach der Hälfte der Backzeit einmal durchrühren. Das Granola vollständig abkühlen lassen.

Kakaopulver und Kakaonibs untermischen. In einer Frischebox luftdicht und trocken aufbewahren.

Tipp: Einige Bioläden führen Cashewbruch, also Cashewkerne, die beim Schälen (das geschieht übrigens in Handarbeit) oder bei der Verarbeitung zerbrochen sind. Wenn die Kerne für die Zubereitung gehackt werden oder nicht besonders knackig sein müssen, kann man diese günstigere Produktvariante verwenden.

GRANOLA MIT MANGO & SESAM

Ergibt etwa 700 g
Backzeit 25 Minuten

VG LF

Zutaten

etwa 300 g Haferflocken (Großblatt)
60 g Sesam
60 g Leinsamen
75 g gehackte Mandeln
75 g Sonnenblumenkerne
2 Prisen Salz
60 g Kokosöl
75 g getrocknete Mangostreifen

Nährwerte pro Portion (80 g)

10,6 g Eiweiß
20,6 g Fett
24,6 g Kohlenhydrate
344 kcal
1428 KJ

Den Backofen auf 160 °C (Ober-/Unterhitze, 150 °C Umluft) vorheizen. In einer Schüssel die Haferflocken mit Sesam und Leinsamen, gehackten Mandeln, Sonnenblumenkernen und Salz vermischen. Das Kokosöl sowie 100 ml Wasser unter die trockenen Zutaten mengen. Auf einem mit Backpapier ausgelegten Backblech gleichmäßig verteilen. Im Backofen etwa 20 Minuten backen. Nach der Hälfte der Backzeit einmal durchrühren.

Die getrockneten Mangostreifen klein hacken, unter das Granola mischen und alles weitere 5 Minuten backen. Das Granola vollständig abkühlen lassen. In einer Frischebox luftdicht und trocken aufbewahren.

BUCHWEIZEN-PANCAKES MIT APFELKOMPOTT

2 Personen
15 Minuten
Garzeit 15 Minuten

VGT GF LF

Zutaten
Pancakes
100 g Buchweizengrütze (s. Tipp)
2 Eier
100 ml Sojadrink natur, ungesüßt
1 TL Backpulver
1 Prise Salz
neutrales Pflanzenöl zum Braten

Apfelkompott
2 säuerliche Äpfel (etwa Boskop)
½ Zitrone, frisch gepresst
1 Msp. Vanillemark (oder ½ TL Vanillepulver)
½ TL gemahlener Zimt
2 TL Honig

Nährwerte pro Portion
12,9 g Eiweiß
14,7 g Fett
61 g Kohlenhydrate
437 kcal
1835 KJ

Für die Pancakes in einer Schüssel die Buchweizengrütze mit Eiern, Sojadrink, Backpulver und Salz glatt verrühren. Den Teig 10 Minuten abgedeckt quellen lassen.

Inzwischen die Äpfel waschen, vierteln, vom Kerngehäuse befreien und in dünne Scheiben schneiden. In einem Topf die Apfelscheiben gemeinsam mit Zitronensaft, Vanillemark, Zimt und Honig erhitzen. Bei aufgelegtem Deckel 5 Minuten (je nach gewünschter Konsistenz auch etwas länger) köcheln lassen.

Eine Pfanne dünn mit Öl ausstreichen und erhitzen. Pro Pancake 1½ EL Teig hineingeben. Die Pancakes nacheinander von jeder Seite in etwa 1 Minute goldbraun ausbacken. So insgesamt acht Stück herstellen. Gemeinsam mit dem leicht abgekühlten Apfelkompott servieren.

Tipp: Buchweizengrütze ist geschroteter Buchweizen. Das Knöterichgewächs zählt zu den Pseudogetreiden und zeichnet sich durch seinen nussigen Geschmack aus. Außerdem ist es glutenfrei und bringt die Verdauung auf Trab.

QUINOAPUFFER MIT KRÄUTERPESTO & HÄHNCHENBRUSTAUFSCHNITT

2 Personen
20 Minuten
Garzeit 10 Minuten

LF

Zutaten
Puffer
20 g gepuffte Quinoa
50 g Dinkelvollkornmehl
2 Eier
70 ml Sojadrink natur, ungesüßt
½ TL Backpulver
½ TL Salz
Kokosöl zum Braten

Kräuterpesto
1 Bund gemischte Kräuter (etwa Petersilie, Dill, Schnittlauch, Basilikum)
1 Knoblauchzehe
1 EL Pinienkerne
30 ml Olivenöl
50 ml Gemüsebrühe
Salz
frisch gemahlener schwarzer Pfeffer
1 Spritzer Zitronensaft

1 Handvoll Feldsalat
6 Scheiben Hähnchenbrustaufschnitt

Nährwerte pro Portion
26 g Eiweiß
32,1 g Fett
29 g Kohlenhydrate
526 kcal
2204 KJ

Für die Puffer in einer Schüssel die Quinoa mit Dinkelvollkornmehl, Eiern, Sojadrink, Backpulver und Salz glatt verrühren. Eine Pfanne erhitzen und dünn mit Kokosöl ausstreichen. Pro Puffer 1 guten EL Teig hineingeben, die Puffer von beiden Seiten goldbraun braten. Auf Küchenpapier entfetten. So insgesamt sechs Stück herstellen.

Für das Kräuterpesto die Kräuter waschen, trocken tupfen und die Blätter abzupfen. Den Knoblauch abziehen. In einer Pfanne ohne Fett die Pinienkerne rösten.

Alles gemeinsam im Mixer mit Olivenöl und Gemüsebrühe pürieren. Mit Salz, Pfeffer und Zitronensaft abschmecken.

Den Feldsalat waschen, verlesen und trocken schleudern. Die Puffer mit Salat, Hähnchenbrustscheiben und Pesto servieren.

DINKELVOLLKORNWRAPS MIT PUTENSCHINKEN

2 Personen
20 Minuten
Garzeit 10 Minuten

LF

Zutaten
100 g Dinkelvollkornmehl
200 ml Sojadrink natur, ungesüßt
1 Ei
Salz
1 TL gemahlene Kurkuma
1 Msp. Cayennepfeffer
1 Römersalat
1 große Tomate
6 Scheiben Putenschinken (etwa 75 g)
2 EL Olivenöl zum Braten
2 EL Tomatenmark
frisch gemahlener schwarzer Pfeffer
etwas Gartenkresse

Nährwerte pro Portion
17,9 g Eiweiß
22,7 g Fett
44,8 g Kohlenhydrate
467 kcal
1964 KJ

In einer Schüssel das Dinkelvollkornmehl mit Sojadrink, Ei, 1 Prise Salz, gemahlener Kurkuma und Cayennepfeffer glatt verrühren. Den Teig 10 Minuten abgedeckt gehen lassen.

Inzwischen den Salat waschen, putzen und trocken schleudern. Die Tomate waschen, vom Stielansatz befreien und in dünne Scheiben schneiden. Die Putenschinkenscheiben halbieren.

Eine Pfanne dünn mit Olivenöl ausstreichen und erhitzen. Pro Wrap 1 EL Teig hineingeben und mithilfe einer Winkelpalette oder einem Löffelrücken gleichmäßig dünn auf dem gesamten Pfannenboden verstreichen. Den Wrap von beiden Seiten goldbraun braten. Auf Küchenpapier entfetten. So insgesamt vier Wraps backen.

Die fertigen Wraps sehr dünn mit Tomatenmark bestreichen. Mit Salz und Pfeffer bestreuen, dann Salatblätter, Tomatenscheiben und je drei Putenschinkenhälften darauf verteilen. Mit Gartenkresse bestreuen. Die Wraps aufrollen, dabei an den Seiten einschlagen.

Nach Belieben schräg halbieren und servieren oder zum Mitnehmen für unterwegs fest in Butterbrotpapier wickeln.

TOMATENOMELETT MIT BASILIKUM

2 Personen
15 Minuten
Garzeit 10 Minuten

VGT LF

Zutaten
1 Knoblauchzehe
2 Stängel Basilikum
3 in Öl eingelegte getrocknete Tomatenfilets, abgetropft
1 TL Kapern, abgetropft
4 Eier
1 EL Tomatenmark
Salz
frisch gemahlener schwarzer Pfeffer
1 EL Olivenöl
50 g Rucola
2 Scheiben Vollkornbrot (s. S. 90), nach Belieben

Nährwerte pro Portion
15,6 g Eiweiß
23,7 g Fett
4 g Kohlenhydrate
293 kcal
1223 KJ

Den Knoblauch abziehen, das Basilikum waschen, trocken tupfen und die Blätter abzupfen. Knoblauch, Basilikum, getrocknete Tomatenfilets und Kapern hacken. In einer kleinen Schüssel vermischen.

Die Eier mit dem Tomatenmark verquirlen, dabei gut salzen und pfeffern. Eine Pfanne mit Olivenöl ausstreichen und erhitzen. Die Eimischung hineingießen und die Temperatur reduzieren. Die vorbereitete Tomaten-Basilikum-Mischung auf das Omelett in die Pfanne streuen. Das Ganze bei aufgelegtem Deckel und niedriger Temperatur ganz langsam stocken lassen.

Inzwischen den Rucola waschen, trocken schleudern und verlesen. Rucola auf dem Omelett verteilen und das Ganze in Stücke schneiden und servieren.

Tipp: Sie können dazu auch pro Portion zwei Scheiben Vollkornbrot genießen. Morgens kann der Körper die Kohlenhydrate gut gebrauchen. Probieren Sie doch zum Beispiel mein kerniges Brot von S. 90 aus!

CURRYRÜHREI AUF GERÖSTETEM VOLLKORNBROT

2 Personen
10 Minuten
Garzeit 10 Minuten

VGT LF

Zutaten
1 Zwiebel
1 EL Olivenöl
¼ Salatgurke
½ Bund Schnittlauch
4 Eier
1 EL Currypulver
Salz
frisch gemahlener schwarzer Pfeffer
4 Scheiben Vollkornbrot (s. S. 90)

Nährwerte pro Portion
21,3 g Eiweiß
20,2 g Fett
36,4 g Kohlenhydrate
429 kcal
1795 KJ

Die Zwiebel abziehen und würfeln. Eine Pfanne mit Olivenöl ausstreichen und erhitzen. Die Zwiebel darin goldbraun braten.

Inzwischen die Gurke waschen und in dünne Scheiben schneiden. Den Schnittlauch waschen, trocken tupfen und in Röllchen schneiden.

In einer Schüssel die Eier mit dem Currypulver verquirlen, kräftig salzen und pfeffern, dann über die angebratene Zwiebel gießen. Die Temperatur reduzieren und das Rührei unter gelegentlichem Wenden 1–2 Minuten garen.

Die Brotscheiben im Toaster aufbacken, alternativ in einer antihaftbeschichteten Pfanne ohne Zugabe von Fett rösten.

Das Toastbrot fächerartig mit Gurkenscheiben belegen, das Rührei darauf verteilen und mit Schnittlauchröllchen sowie mit frisch gemahlenem Pfeffer bestreut servieren.

ERBSEN-PAPRIKA-OMELETT

2 Personen
15 Minuten
Garzeit 10 Minuten

VGT GF LF

Zutaten
je 1 rote und gelbe Paprikaschote
1 EL Olivenöl
100 g Erbsen (TK-Ware, aufgetaut)
1 TL Mischung aus getrockneten italienischen Kräutern
5 Stängel glatte Petersilie
4 Eier
Salz
frisch gemahlener schwarzer Pfeffer
1 Schale Gartenkresse

Nährwerte pro Portion
19,7 g Eiweiß
20 g Fett
12 g Kohlenhydrate
314 kcal
1310 KJ

Die Paprika halbieren, waschen, von Samen befreien und die Hälften würfeln. Eine Pfanne mit Olivenöl ausstreichen und erhitzen. Darin Paprika, Erbsen und italienische Kräuter weich braten.

Inzwischen die Petersilie waschen, trocken tupfen und samt Stängeln hacken. In einer Schüssel die Eier mit der gehackten Petersilie verquirlen. Kräftig salzen und pfeffern, dann über das angebratene Gemüse in der Pfanne gießen. Die Temperatur reduzieren und das Omelett 5 Minuten stocken lassen.

Die Gartenkresse waschen, trocken schütteln und mit einer Schere abschneiden. Das Omelett in Stücke teilen (alternativ zwei kleine Omeletts zubereiten) und mit der Kresse bestreut servieren.

Tipp: Gartenkresse lässt sich einfach auf der Fensterbank selbst ziehen. Es gibt verschiedene Züchtungen; fürs Auge auch mal eine lilafarbene Variante ausprobieren!

BOHNEN-THYMIAN-FRITTATA

2 Personen
10 Minuten
Garzeit 10 Minuten

VGT GF LF

Zutaten
1 Zwiebel
1 Knoblauchzehe
1 Zucchini
5 Zweige Thymian
1 EL Olivenöl
4 Eier
Salz
frisch gemahlener schwarzer Pfeffer
200 g weiße Bohnenkerne (Dose), abgetropft

Nährwerte pro Portion
19,7 g Eiweiß
19 g Fett
12,5 g Kohlenhydrate
304 kcal
1272 KJ

Die Zwiebel und den Knoblauch abziehen, beides würfeln. Die Zucchini waschen, putzen und würfeln. Den Thymian waschen, trocken tupfen und die Blätter abzupfen.

Eine Pfanne mit Olivenöl ausstreichen und erhitzen. Darin Zwiebel, Knoblauch, Zucchini und Thymian unter Wenden kräftig anbraten.

Inzwischen in einer Schüssel die Eier verquirlen, großzügig salzen und pfeffern. Die Bohnenkerne zum Gemüse in die Pfanne geben und die Eimischung darauf verteilen. Die Temperatur reduzieren und die Frittata bei aufgelegtem Deckel etwa 5 Minuten stocken lassen.

In Stücke schneiden und sofort servieren.

SUPPEN

Getrost auslöffeln

Seite 44 – 61

LINSEN-TOFU-SUPPE

4 Personen
15 Minuten
Garzeit 20 Minuten

VG GF LF

Zutaten
1 Zwiebel
1 Bund Suppengemüse
1 EL Olivenöl
300 g rote Linsen
1 Lorbeerblatt
1 l Gemüsebrühe
150 g Räuchertofu
½ Bund Petersilie
Salz
Balsamico-Essig zum Abschmecken

Nährwerte pro Portion
22,6 g Eiweiß
9 g Fett
34 g Kohlenhydrate
343 kcal
1442 KJ

Die Zwiebel abziehen und würfeln. Das Suppengemüse waschen, putzen und gegebenenfalls schälen. Anschließend würfeln.

In einem Topf das Olivenöl erhitzen. Darin kurz die Zwiebel anbraten, dann das Suppengemüse folgen lassen. Die Linsen und das Lorbeerblatt hinzufügen, mit der Brühe aufgießen. Alles gemeinsam zum Kochen bringen, dann die Temperatur reduzieren und die Suppe etwa 15 Minuten garen.

Den Räuchertofu würfeln und die letzten 2 Minuten in der Suppe mitgaren. Die Petersilie waschen, trocken tupfen und die Blätter abzupfen. Die Suppe mit Salz und Essig abschmecken, mit Petersilie bestreut servieren.

Tipp: Linsen sind, genau wie alle anderen Hülsenfrüchte, optimal für meine neue Ernährung geeignet, da sie einen hohen Eiweißgehalt haben und richtig gut satt machen. Diese Suppe können Sie gleich in der doppelten Menge kochen und auf Vorrat einfrieren.

BUNTE MINESTRONE MIT KICHERERBSEN

3 Personen
10 Minuten
Garzeit 10 Minuten

VG GF LF

Zutaten
2 Möhren
je 1 gelbe und grüne Zucchini
1 Zwiebel
1 Knoblauchzehe
1 EL Olivenöl
1 EL Tomatenmark
200 g stückige Tomaten (Dose)
1 TL Mischung aus getrockneten italienischen Kräutern
250 g Kichererbsen (Dose), abgetropft
500 ml Gemüsebrühe
Salz
frisch gemahlener schwarzer Pfeffer

Nährwerte pro Portion
11,3 g Eiweiß
8,2 g Fett
23,6 g Kohlenhydrate
238 kcal
995 KJ

Die Möhren und die Zucchini jeweils waschen und putzen. Die Möhren schälen. Beides mithilfe eines Spiralschneiders in dünne Gemüsespaghetti schneiden (oder s. Tipp). Die Zwiebel und den Knoblauch abziehen, beides würfeln.

In einem Topf das Olivenöl erhitzen. Darin Zwiebel und Knoblauch weich andünsten. Tomatenmark, stückige Tomaten und Kräuter unterrühren. Dann Kichererbsen und Gemüsebrühe hinzufügen, mit Salz und Pfeffer würzen. Alles zum Kochen bringen und die Minestrone 5 Minuten garen. Dann die Gemüsespaghetti hinzufügen und weitere 3 Minuten köcheln lassen. Die Spaghetti sollten noch leicht bissfest sein (also »al dente«). Alles mit Salz und Pfeffer abschmecken, sofort servieren.

Tipp: Gemüsenudeln? Nicht mehr der neueste Schrei, aber immer noch saugut! Sind sie doch eine wunderbare Art, auf Pasta zu verzichten und dem Körper trotzdem zu signalisieren, dass es die heißgeliebten Nudeln gibt.

Kein Spiralschneider zur Hand? Dann verwenden Sie einfach einen Sparschäler und es entstehen im Nu Bandnudeln. Die Garzeit müssen Sie dann gegebenenfalls reduzieren; einfach zwischendurch eine Bandnudel probieren.

BOHNENEINTOPF MIT RIESENGARNELEN & RUCOLAÖL

4 Personen
15 Minuten
Garzeit 15 Minuten

GF LF

Zutaten
400 g grüne Bohnen
2 Knoblauchzehen
5 in Öl eingelegte getrocknete Tomatenfilets, plus 1 EL Tomatenöl
800 ml Gemüsebrühe, plus 3 EL
1 Bund Frühlingszwiebeln
250 g weiße Bohnenkerne (Dose), abgetropft
250 g Riesengarnelen, geschält und entdarmt
1 Bund Rucola (etwa 50 g)
50 ml Olivenöl
Salz
frisch gemahlener schwarzer Pfeffer

Nährwerte pro Portion
15,9 g Eiweiß
16,6 g Fett
16 g Kohlenhydrate
327 kcal
1366 KJ

Die grünen Bohnen putzen, waschen und halbieren. Den Knoblauch abziehen und gemeinsam mit den Tomaten hacken.

In einem Topf das Tomatenöl erhitzen. Darin grüne Bohnen und Tomaten-Knoblauch-Mischung anbraten. Mit der Gemüsebrühe aufgießen und alles zum Kochen bringen. Bei geschlossenem Deckel 5 Minuten garen.

Inzwischen die Frühlingszwiebeln putzen, waschen und in Ringe schneiden. Frühlingszwiebeln, weiße Bohnenkerne und Riesengarnelen in die Suppe rühren und 5 Minuten darin garen.

Den Rucola waschen, trocken schleudern und gegebenenfalls die dickeren Stiele entfernen. In einem hohen Gefäß den Rucola mit 3 EL Gemüsebrühe, Olivenöl und 1 Prise Salz mit dem Stabmixer zu einem dicklichen Öl pürieren.

Die Suppe mit Salz und Pfeffer abschmecken und mit Rucolaöl beträufelt servieren.

SCHARFE TOMATENSUPPE MIT GERÖSTETEM KERNMIX

3 Personen
10 Minuten
Garzeit 15 Minuten

VG GF LF

Zutaten
1 rote Chilischote
1 Stück frischer Ingwer (3 cm)
2 EL Ahornsirup
2 EL Tomatenmark
600 g geschälte Tomaten (Dose)
600 ml Gemüsebrühe
Salz
frisch gemahlener schwarzer Pfeffer
50 g gemischte Kerne (etwa Sonnenblumen-, Kürbis- und Pinienkerne)
6 Stängel glatte Petersilie

Nährwerte pro Portion
2,7 g Eiweiß
1,9 g Fett
4,6 g Kohlenhydrate
49 kcal
205 KJ

Die Chilischote waschen und von Samen befreien (wer es schärfer mag, entfernt die Samen nicht). Den Ingwer schälen und gemeinsam mit der Chilischote fein hacken.

In einem Topf den Ahornsirup so erhitzen, dass er aufschäumt, Chili und Ingwer darin karamellisieren. Das Tomatenmark unterrühren. Tomaten und Brühe hinzufügen und das Ganze mit Salz und Pfeffer abschmecken. Die Suppe aufkochen lassen. Die Temperatur reduzieren und die Suppe bei geschlossenem Deckel 10 Minuten köcheln lassen.

Inzwischen in einer Pfanne ohne Fett die Kerne goldbraun rösten, dann herausnehmen und abkühlen lassen. Die Petersilie waschen, trocken tupfen, die Blätter abzupfen und hacken. Unter die abgekühlten Kerne mischen.

Die fertig gegarte Suppe mit dem Stabmixer pürieren und mit Salz und Pfeffer abschmecken. Mit den Salatkernen bestreut servieren.

Tipp: Für einen zusätzlichen Kick 50 g Räuchertofu klein würfeln und gemeinsam mit den Kernen auf die heiße Suppe streuen.

HÜHNERBRÜHE MIT GLASNUDELN, MÖHREN & BABYSPINAT

6 Personen
30 Minuten
Garzeit 2 Stunden

GF LF

Zutaten
1 Suppenhuhn (etwa 1,2 kg)
1 Bund Suppengemüse
1 Zwiebel
1 rote Chilischote
1 Stück frischer Ingwer (3 cm)
1 Lorbeerblatt
5 schwarze Pfefferkörner
Salz
2–3 EL Tamari (s. Tipp)
6 Stängel Koriander

Einlage
3 Möhren
8 Shiitakepilze
150 g Babyspinat
1 EL geröstetes Sesamöl
50 g Glasnudeln

Nährwerte pro Portion
28,4 g Eiweiß
20,7 g Fett
14,7 g Kohlenhydrate
367 kcal
1529 KJ

Das Huhn innen und außen gründlich abspülen, in einem Topf mit 2,5 l kaltem Wasser bedecken, aufkochen lassen. Den an der Oberfläche entstehenden Schaum abschöpfen.

Inzwischen das Suppengemüse waschen, putzen, gegebenenfalls schälen und in Stücke schneiden. Die Zwiebel und die Chilischote waschen, beides halbieren. Den Ingwer schälen und in Scheiben schneiden. Suppengemüse, ungeschälte Zwiebel (gibt eine schöne Farbe), Chilischote, Ingwer, Lorbeerblatt, Pfefferkörner und 1 TL Salz zum Suppenhuhn geben. Sobald es kocht, die Temperatur reduzieren und das Ganze 1½ Stunden bei geschlossenem Deckel leise köcheln lassen.

Für die Einlage die Möhren putzen, schälen und in hauchdünne Scheiben schneiden. Die Shiitakepilze trocken abreiben, die Stiele abschneiden und die Köpfe vierteln. Den Spinat waschen, trocken schleudern und beiseitestellen.

Eine Pfanne mit Sesamöl ausstreichen und erhitzen. Darin Möhren und Shiitakepilze 2 Minuten anbraten. In einer Schüssel die Glasnudeln mit kochendem Wasser übergießen und 5 Minuten ziehen lassen. Anschließend abgießen.

Das Suppenhuhn nach der Garzeit aus der Brühe heben, die Haut abziehen und entsorgen. Das Fleisch von den Knochen zupfen. Die Brühe durch ein feines Sieb in einen Topf gießen, mit Salz und Tamari abschmecken. Nochmals aufkochen lassen.

Hähnchenfleisch, Glasnudeln, Möhren und Shiitake sowie den ungegarten Babyspinat auf Schalen verteilen. Die heiße Brühe darüberschöpfen und mit Koriander garniert servieren.

Tipp: Tamari ist eine weizenfreie Sojasauce, erhältlich im größeren Supermarkt oder im Asialaden.

FISCHSUPPE MIT LAUCH, KIRSCHTOMATEN & DILL

4 Personen
20 Minuten
Garzeit 25 Minuten

GF LF

Zutaten
2 Stangen Lauch
3 Stangen Staudensellerie
200 g Kirschtomaten
2 Knoblauchzehen
700 g weißes, festes Fischfilet, ohne Haut (etwa Kabeljau, Seelachs oder Rotbarsch)
2 EL Olivenöl
1 Dose Safranfäden
100 ml Weißwein
1,2 l Fischfond (oder Gemüsebrühe)
Salz
frisch gemahlener schwarzer Pfeffer
6 Stängel Dill

Nährwerte pro Portion
33,6 g Eiweiß
9,2 g Fett
5,6 g Kohlenhydrate
272 kcal
1293 KJ

Den Lauch der Länge nach aufschneiden, gründlich unter fließendem Wasser waschen und in Stücke schneiden. Den Staudensellerie waschen, putzen (gegebenenfalls die Fäden abziehen) und die Stangen in Scheiben schneiden. Die Kirschtomaten waschen und halbieren. Den Knoblauch abziehen und in Scheiben schneiden. Das Fischfilet auf Gräten prüfen, abspülen und sanft trocken tupfen. Anschließend in mundgerechte Stücke schneiden und beiseitelegen.

In einem Topf das Olivenöl erhitzen. Darin Lauch, Staudensellerie, Knoblauch und Safranfäden 5 Minuten unter gelegentlichem Rühren anbraten. Mit dem Weißwein ablöschen, dann den Fischfond angießen. Das Ganze salzen und pfeffern, anschließend aufkochen. Die Suppe 15 Minuten kochen lassen.

Inzwischen den Dill waschen, trocken tupfen, die Spitzen abzupfen und klein schneiden. Fisch, Dill und Kirschtomaten sanft unter den Gemüsesud rühren, den Herd ausschalten und das Ganze bei geschlossenem Deckel noch 5 Minuten ziehen lassen. Mit Salz und Pfeffer abschmecken, dann sofort servieren.

CREMESUPPE AUS GERÖSTETEM BLUMENKOHL MIT BROTWÜRFELN

4 Personen
20 Minuten
Garzeit 20 Minuten

VG LF

Zutaten
1 Blumenkohl (etwa 400 g)
1 Zwiebel
3 EL Olivenöl
900 ml Gemüsebrühe
Salz
4 Scheiben Vollkornbrot
50 g Cashewkerne
100 g Kochcreme auf Sojabasis
frisch geriebene Muskatnuss
1 Bund Koriander
1 Frühlingszwiebel

Nährwerte pro Portion
8 g Eiweiß
19,3 g Fett
38 g Kohlenhydrate
290 kcal
1217 KJ

Den Blumenkohl putzen, waschen und klein schneiden. Die Zwiebel abziehen und würfeln.

In einem Topf 2 EL Olivenöl erhitzen. Blumenkohl und Zwiebel darin braun anbraten. Die Brühe angießen, ½ TL Salz hinzufügen und alles gemeinsam aufkochen. In 15–20 Minuten bei geschlossenem Deckel weich garen.

Inzwischen das Vollkornbrot würfeln und die Cashewkerne grob hacken. In einer Pfanne das restliche Olivenöl (1 EL) erhitzen. Darin Brot und Kerne anrösten, dabei unter Wenden salzen.

Die Kochcreme auf Sojabasis unter die Suppe rühren und diese mit dem Stabmixer fein pürieren. Die Suppe mit Salz und Muskat abschmecken. Den Koriander waschen, trocken tupfen und die Blätter abzupfen. Die Frühlingszwiebel waschen, putzen und schräg sehr fein schneiden.

Die Suppe in Schalen anrichten und mit Brotwürfeln und Cashewkernen bestreut sowie mit Korianderblättern und Frühlingszwiebel garniert servieren.

MÖHREN-KICHERERBSEN-SUPPE MIT LACHS

2 Personen
15 Minuten
Garzeit 25 Minuten

GF LF

Zutaten
400 g Möhren
1 Zwiebel
1 Knoblauchzehe
2 EL Olivenöl
2 TL Ras el-Hanout (marok. Gewurzmischung)
250 g Kichererbsen (Dose), abgetropft
600 ml Gemüsebrühe
Salz
350 g Lachsfilet, ohne Haut
frisch gemahlener schwarzer Pfeffer
4 Stängel Dill
1 Zitrone

Nährwerte pro Portion
50 g Eiweiß
18,2 g Fett
35,2 g Kohlenhydrate
539 kcal
2268 KJ

Die Möhren putzen, schälen und in Scheiben schneiden. Die Zwiebel und den Knoblauch abziehen, beides würfeln.

In einem Topf das Olivenöl erhitzen. Darin Möhren, Zwiebel und Knoblauch anbraten. Mit Ras el-Hanout bestreuen und nochmals kurz anrösten. Die Kichererbsen hinzufügen, mit der Gemüsebrühe aufgießen und ½ TL Salz einrühren. Alles zum Kochen bringen, dann die Temperatur reduzieren und die Suppe 10 Minuten köcheln lassen.

Inzwischen den Lachs waschen, trocken tupfen und in mundgerechte Stücke schneiden. Die Suppe mit Salz und Pfeffer abschmecken, kurz nochmals aufkochen lassen und dann vom Herd nehmen. Den Lachs hineinlegen und bei geschlossenem Deckel 2 Minuten in der Suppe ziehen lassen.

Den Dill waschen und trocken tupfen. Die Zitrone in Spalten (zum Auspressen am Tisch) schneiden. Die Suppe mit Dill bestreut servieren.

Tipp: Hier passen statt der Kichererbsen auch Linsen hervorragend. Kochen Sie einfach regelmäßig Linsen verschiedener Sorten auf Vorrat (immer erst nach dem Kochen salzen), ob für Suppen, Aufstriche oder Salate. Wer nicht so gern zerfallene Linsen mag, hält sich an Puy- oder Belugalinsen.

Nach dem Abkühlen im Kühlschrank aufbewahren und innerhalb von 3–4 Tagen aufbrauchen.

SALATE & BOWLS

Perfekt in Schale geworfen

Seite 62 – 79

ROHER ZUCCHINI-KRÄUTER-SALAT

2 Personen
10 Minuten
Garzeit 6 Minuten

VGT GF LF

Zutaten
2 kleine Zucchini
etwa 25 g frische Kräuter oder junge Blätter (Petersilie, Basilikum, Kerbel, Dill, Mangold, Spinat, Brunnenkresse ...)
2 Eier
2 EL Haselnussblättchen
essbare Blüten

Vinaigrette
2 EL Weißweinessig
2 EL Olivenöl
1 TL mittelscharfer Senf
Salz
frisch gemahlener schwarzer Pfeffer

Nährwerte pro Portion
11,1 g Eiweiß
20,1 g Fett
6 g Kohlenhydrate
261 kcal
1089 KJ

Die Zucchini waschen, putzen und mit einem Sparschäler der Länge nach in dünne Bänder schneiden. Die Kräuter waschen, trocken tupfen und die Blätter abzupfen. Alles gemeinsam in einer Schüssel locker vermischen, am besten mit den Händen.

In einem Topf Wasser zum Kochen bringen, mit einem Löffel die Eier hineingleiten lassen. Die Eier in 5–6 Minuten wachsweich kochen. Anschließend kalt abschrecken.

Für die Vinaigrette in einer kleinen Schüssel den Essig mit Olivenöl, Senf und je 1 Prise Salz und Pfeffer verrühren. Die Vinaigrette über dem Salat verteilen und locker unterheben.

Die fertig gekochten Eier pellen, vorsichtig halbieren und auf dem Salat anrichten. Mit Haselnussblättchen und essbaren Blüten nach Wahl bestreut servieren. Dazu ein Glas aromatisiertes Wasser mit Ingwer, Gurke und Basilikum genießen (s. S. 162).

LINSEN-QUINOA-SALAT MIT ROTER BETE & AVOCADO

2 Personen
20 Minuten
Garzeit 20 Minuten

VG GF LF

Zutaten
25 g grüne Linsen
25 g bunte Quinoa
300 g Rote Bete, vorgegart
1 rote Zwiebel
1 Avocado

Vinaigrette
1 Orange, frisch gepresst
2 TL körniger Senf
3 EL Olivenöl
Salz
frisch gemahlener schwarzer Pfeffer

Nährwerte pro Portion
9,1 g Eiweiß
26,1 g Fett
33,1 g Kohlenhydrate
419 kcal
1759 KJ

In einem Sieb die Linsen durchspülen. In einem Topf mit 150 ml kaltem Wasser aufkochen, die Temperatur reduzieren und den Deckel auflegen. Die Linsen in etwa 20 Minuten bissfest garen.

In einem Sieb die Quinoa durchspülen. In einem zweiten Topf die Quinoa mit 150 ml kaltem Wasser zum Kochen bringen. Die Temperatur reduzieren und die Quinoa bei geschlossenem Deckel 8 Minuten kochen lassen. Anschließend vom Herd nehmen und 10 Minuten quellen lassen.

Inzwischen die Rote Bete würfeln. Die Zwiebel abziehen und in dünne Spalten schneiden. Die Avocado halbieren, den Stein entfernen und das Fruchtfleisch mit einem Löffel aus den Schalen heben. Der Länge nach in feine Scheiben schneiden.

Die fertig gegarten Linsen und die Quinoa abgießen. In einer großen Schüssel beides mit der Zwiebel und der Roten Bete vermischen.

Für die Vinaigrette in einer kleinen Schüssel den Orangensaft mit Senf und Olivenöl verrühren. Mit Salz und Pfeffer kräftig abschmecken und die Linsen-Quinoa-Mischung damit marinieren. Den Salat obenauf mit den Avocadospalten garnieren und sofort servieren.

SPANISCHER FISCHSALAT

2 Personen
20 Minuten

GF LF

Zutaten

350 g weißes, festes Fischfilet, ohne Haut (etwa Kabeljau, Seelachs, Heilbutt ...)
2 EL Olivenöl
2 Limetten, frisch gepresst
Salz
frisch gemahlener schwarzer Pfeffer
2 grüne Spitzpaprikaschoten
1 Salatgurke
2 Frühlingszwiebeln
1 Knoblauchzehe
1 Bund glatte Petersilie

Nährwerte pro Portion
33,8 g Eiweiß
11,8 g Fett
9,3 g Kohlenhydrate
301 kcal
1233 KJ

Das Fischfilet abspülen, trocken tupfen und in mundgerechte Stücke schneiden. Eine Pfanne mit Olivenöl ausstreichen und erhitzen. Darin den Fisch 1–2 Minuten rundherum anbraten. Den Herd ausschalten. Den Fisch mit dem Limettensaft ablöschen und mit Salz und Pfeffer bestreuen. Beiseitestellen und abkühlen lassen.

Das Gemüse waschen. Die Paprika putzen und von Samen befreien. Paprika und Gurke in etwas kleinere Stücke als den Fisch schneiden. Die Frühlingszwiebeln in dünne Ringe schneiden. Den Knoblauch abziehen und in Scheiben schneiden. Alles in einer Schüssel vermengen.

Den mindestens lauwarm abgekühlten Fisch samt Limettensud locker unterheben.

Die Petersilie waschen, trocken tupfen, die Blätter abzupfen und grob hacken. Unter den Salat mischen und diesen mit Salz und Pfeffer abschmecken. Sofort servieren.

SUSHIBOWL MIT LACHS, GURKE & GERÖSTETEN NORISTREIFEN

2 Personen
etwa 15 Minuten
Garzeit 20–30 Minuten

GF LF

Zutaten
70 g Sushireis
150 g Lachsfilet in Sushiqualität, ohne Haut
1 EL geröstetes Sesamöl
1 EL Sesam
½ Salatgurke
1 Noriblatt (s. Tipp)
6 Stängel Koriander
1 EL Reisessig
Salz
½ TL Rohrohrzucker
2 Schalen Asiakresse (oder Microgreens/Gartenkresse)
1 EL eingelegter Ingwer (erhältlich im Asialaden)

Nährwerte pro Portion
22 g Eiweiß
19 g Fett
35 g Kohlenhydrate
406 kcal
1707 KJ

In einer Schüssel den Sushireis mit kaltem Wasser durchspülen, bis das Wasser klar bleibt. Das Wasser dabei mehrmals erneuern. Den Reis durch ein Sieb abgießen und in einem Topf mit 150 ml kaltem Wasser zum Kochen bringen. Durchrühren, die Temperatur reduzieren und so sanft wie möglich 10–15 Minuten bei geschlossenem Deckel quellen lassen. Anschließend den Topf vom Herd nehmen, den Reis mit einem Tuch abdecken und weitere 10–15 Minuten quellen lassen.

Inzwischen das Lachsfilet abspülen, trocken tupfen und in mundgerechte Stücke schneiden. In einer Schüssel mit Sesamöl und Sesam vermengen; zum Marinieren beiseitestellen.

Die Gurke waschen und klein schneiden. Das Noriblatt in Streifen schneiden. Eine Pfanne ohne Fett stark erhitzen und die Noristreifen darin kurz anrösten. Den Koriander waschen, trocken tupfen und die Blätter abzupfen. In einer kleinen Schüssel den Reisessig mit 2 Prisen Salz und dem Zucker verrühren, unter den gequollenen Reis mischen.

Den Reis auf zwei Schüsseln verteilen. Lachs, Gurke, Asiakresse, eingelegten Ingwer und Korianderblätter darauf anrichten. Mit den Noristreifen bestreut servieren.

Tipp: Nori steht als Überbegriff für getrocknete und geröstete essbare Meeresalgen, die in Blattform im Asialaden erhältlich sind.

Den Sushireis können Sie auch am Vortag zubereiten. Auch in doppelter Menge auf Vorrat. Im Kühlschrank in einer Frischebox aufbewahren und innerhalb von 2–3 Tagen aufbrauchen.

»ICH VERBIETE MIR NICHTS, ABER ICH LEBE UND ESSE BEWUSST.«

BOWL MIT HIRSE, ZUCCHINI & RIESENGARNELEN

2 Personen
15 Minuten
Garzeit 20 Minuten

GF LF

Zutaten
75 g Goldhirse
2 EL Pinienkerne
1 Zucchini
150 g Riesengarnelen, geschält und entdarmt
3 EL Olivenöl
2 Limetten, frisch gepresst
Salz
frisch gemahlener schwarzer Pfeffer
½ Bund Minze
1 Handvoll gemischte Salatblätter
essbare Blüten

Nährwerte pro Portion
19,3 g Eiweiß
18,4 g Fett
31,4 g Kohlenhydrate
376 kcal
1571 KJ

Den Backofen auf 180 °C (Ober-/Unterhitze, 160 °C Umluft) vorheizen. In einem Sieb die Hirse durchspülen und abtropfen lassen. In einem Topf mit etwa 150 ml kaltem Wasser zum Kochen bringen und 15–20 Minuten bei geschlossenem Deckel bei niedriger Temperatur quellen lassen.

Inzwischen in einer Pfanne ohne Fett die Pinienkerne goldbraun rösten. Dann auf einen Teller umfüllen und abkühlen lassen.

Die Zucchini waschen, putzen und fein würfeln. Die Garnelen abspülen und trocken tupfen. Eine Pfanne mit 1 EL Öl ausstreichen und die Garnelen darin 5 Minuten rundum anbraten. In einer Schüssel Zucchini und Garnelen mit dem restlichen Olivenöl (2 EL) und dem Limettensaft vermengen und darin marinieren. Mit Salz und Pfeffer abschmecken. Die Minze waschen, trocken tupfen und die Blätter abzupfen. Die Salatblätter waschen, trocken schleudern und klein zupfen.

Salatblätter und Hirse auf zwei Schalen verteilen. Die marinierte Zucchini-Garnelen-Mischung, Minzeblätter, essbare Blüten (nach Wahl) sowie geröstete Pinienkerne darauf anrichten und servieren.

GRÜNE BOWL MIT ZARTEM HÄHNCHENBRUSTFILET

2 Personen
20 Minuten
Garzeit 15 Minuten

GF LF

Zutaten

Sauce

2 EL Erdnusskerne
1 Frühlingszwiebel
2 EL Ahornsirup
2 Limetten, frisch gepresst
2 EL Olivenöl
Salz
frisch gemahlener schwarzer Pfeffer

Bowl

1–2 Hähnchenbrustfilets (etwa 300 g)
Salz
frisch gemahlener schwarzer Pfeffer
1 EL geröstetes Sesamöl
2 EL Tamari (s. Tipp S. 54)
60 g Feldsalat
100 g Edamame (TK-Ware, s. Tipp)
1 grüne Paprikaschote
3 EL Sprossen (etwa Linsen, Brokkoli, Alfalfa, Bockshornklee …)

Nährwerte pro Portion
42,4 g Eiweiß
27,1 g Fett
18,6 g Kohlenhydrate
500 kcal
2100 KJ

Für die Sauce in einer Pfanne ohne Fett die Erdnusskerne anrösten und zum Abkühlen auf einem Teller verteilen, anschließend grob hacken. Die Frühlingszwiebel waschen, putzen und in Ringe schneiden. In einer Schüssel Erdnusskerne und Frühlingszwiebel mit Ahornsirup, Limettensaft und Olivenöl verrühren. Mit Salz und Pfeffer abschmecken, bis zum Anrichten beiseitestellen.

Das Hähnchenfleisch abspülen, trocken tupfen, mit Salz und Pfeffer bestreuen. Eine Pfanne mit Sesamöl ausstreichen und erhitzen. Darin das Fleisch von allen Seiten goldbraun anbraten. Die Temperatur reduzieren, die Tamari angießen und das Fleisch bei geschlossenem Deckel rundherum 3–4 Minuten dünsten.

Inzwischen den Feldsalat putzen, waschen und trocken schleudern. In einem kleinen Topf gesalzenes Wasser zum Kochen bringen und die Edamame darin 2 Minuten blanchieren, abgießen und sofort kalt abschrecken. Die Paprika waschen, von Samen befreien und klein würfeln.

Feldsalat, Edamame und Paprika auf Schalen verteilen. Das Fleisch in dünne Scheiben aufschneiden und mit den Sprossen auf der Bowl anrichten. Wenig Sauce abschließend darüber verteilen, den Rest separat dazu reichen.

Tipp: Edamame sind unreif geerntete Sojabohnen. Als Snack (noch in der Schote gegart sowie kräftig gesalzen) sind sie durch ihren hohen Gehalt an Proteinen und Ballaststoffen definitiv den »Tütenchips« um Längen voraus. Als TK-Ware sind sie auch schon gepalt im Asialaden erhältlich.

SUNSHINEBOWL MIT BULGUR AUS BLUMENKOHL

2 Personen
25 Minuten
Garzeit 15 Minuten

VG GF LF

Zutaten

Sauce

2 EL Cashewkerne, plus mehr nach Belieben für die Bowl
100 ml Sojadrink natur, ungesüßt
1 EL Weißweinessig
1 EL Olivenöl
Salz
frisch gemahlener schwarzer Pfeffer

Bowl

1 kleiner Blumenkohl (etwa 250 g)
½ TL gemahlene Kurkuma
Salz
frisch gemahlener schwarzer Pfeffer
½ Bund Frühlingszwiebeln
1 kleine Süßkartoffel (etwa 150 g)
2 EL Olivenöl
4 Champignons
½ Mango
1 EL Gojibeeren (oder getrocknete Sauerkirschen)

Nährwerte pro Portion
10,7 g Eiweiß
12,7 g Fett
35 g Kohlenhydrate
331 kcal
1388 KJ

In einem Mixer 2 EL Cashewkerne fein mahlen und gemeinsam mit dem Sojadrink in ein hohes Gefäß geben. Die Mischung 10–15 Minuten einweichen.

Inzwischen den Blumenkohl putzen, waschen, in größere Stücke zerteilen und diese bröselig klein hacken. In einem Topf mit der Kurkuma vermischen, salzen und pfeffern. Unter Rühren 2–3 Minuten rösten, bis Dampf aufsteigt. Diesen »Bulgur« vollständig abkühlen lassen.

Die Frühlingszwiebeln putzen, waschen und in Ringe schneiden. Die Süßkartoffel schälen und in mundgerechte Stücke schneiden. Eine Pfanne mit Olivenöl ausstreichen und erhitzen. Darin die Süßkartoffeln unter Wenden goldbraun braten. Mit Salz und Pfeffer bestreuen.

Inzwischen die Champignons putzen, trocken abreiben und in feine Scheiben schneiden. Die Mango schälen und das Fruchtfleisch in dünne Spalten schneiden. Den »Bulgur« auf Schalen verteilen. Frühlingszwiebeln, gebratene Süßkartoffeln, Champignons, Mango, weitere Cashewkerne (nach Belieben) und Gojibeeren darauf anrichten.

Die eingeweichten Cashewkerne mit Essig, Olivenöl, 2 Prisen Salz und Pfeffer mit dem Stabmixer sämig pürieren. Die Sauce nach Belieben separat zu den Bowls reichen (macht sich besser fürs Auge) oder direkt darüberträufeln, dann servieren.

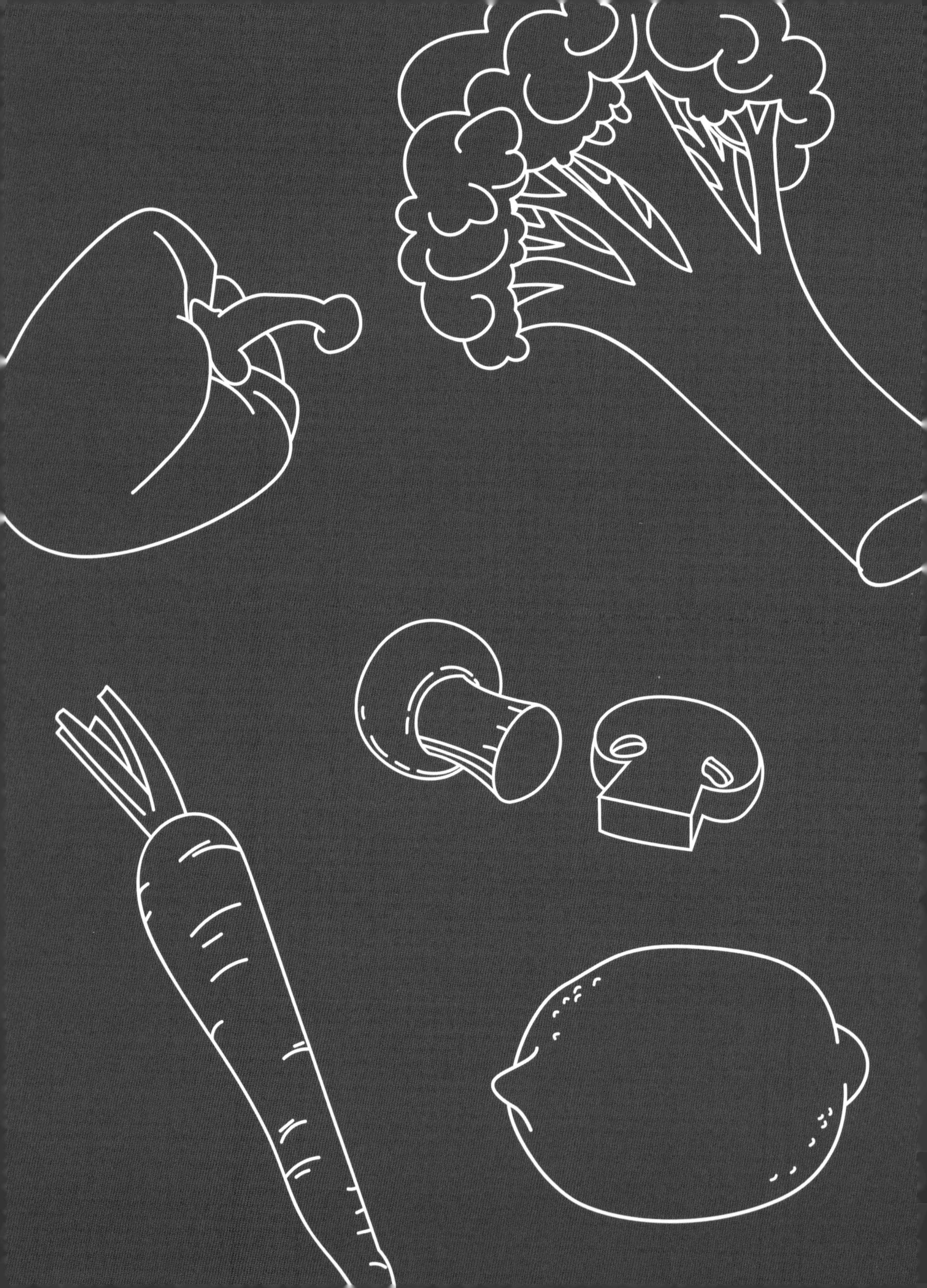

LEICHTES FÜR ZWISCHEN-DURCH

Schmackofatz-Snacks
Seite 80 – 95

ROHE GEMÜSEBÄNDER MIT OLIVEN-ARTISCHOCKEN-MARINADE

4 Personen
15 Minuten

VG GF LF

Zutaten
1 runder Rettich
1 Möhre
1 kleiner Kohlrabi
1 Strauchtomate
1 Knoblauchzehe
80 g eingelegte Artischocken (Glas), abgetropft
80 g grüne Oliven, entsteint
½ Bund Petersilie
½ Bund Basilikum
1 Zitrone, frisch gepresst
2 EL Olivenöl
Salz
frisch gemahlener schwarzer Pfeffer

Nährwerte pro Portion
3,1 g Eiweiß
8 g Fett
7 g Kohlenhydrate
123 kcal
514 KJ

Rettich, Möhre und Kohlrabi putzen, waschen und schälen. Jeweils in etwa 5 mm dünne, längliche Scheiben hobeln (oder mit dem Sparschäler arbeiten). Die Gemüsebänder auf einer Servierplatte dekorativ anrichten.

Die Tomate waschen, halbieren, vom Stielansatz befreien und die Hälften sehr klein würfeln. Den Knoblauch abziehen und gemeinsam mit Artischocken und Oliven klein hacken. Die Kräuter waschen, trocken tupfen, die Blätter abzupfen und hacken.

In einer Schüssel Tomate, Knoblauch, Artischocken, Oliven und Kräuter mit Zitronensaft, Olivenöl und 2-3 Prisen Salz sowie nicht zu wenig Pfeffer vermischen.

Die Marinade auf den rohen Gemüsebändern verteilen und servieren. Nach Belieben kurz durchziehen lassen.

CHAMPIGNON-KAPERN-ANTIPASTI

4 Personen
15 Minuten

VG GF LF

Zutaten
800 g kleine Champignons
4 EL Olivenöl
3 Knoblauchzehen
2 Zweige Rosmarin
30 ml Balsamico-Essig
50 g Kapernäpfel
Salz
frisch gemahlener schwarzer Pfeffer

Nährwerte pro Portion
8,6 g Eiweiß
10,6 g Fett
3,7 g Kohlenhydrate
149 kcal
628 KJ

Am Vortag zubereiten, damit das Ganze über Nacht schön durchziehen kann.

Die Champignons putzen und trocken abreiben, je nach Größe vierteln oder halbieren. Eine Pfanne mit Olivenöl ausstreichen und erhitzen. Darin die Champignons 2–3 Minuten rundherum kräftig anbraten.

Inzwischen den Knoblauch abziehen und in Scheiben schneiden. Den Rosmarin waschen, trocken tupfen und die Nadeln abzupfen. Beides gemeinsam mit den Pilzen 1–2 Minuten garen. Den Essig und die Kapernäpfel in die Pfanne rühren, alles mit Salz und Pfeffer abschmecken. Die Pilze sollten die Aromen aufgenommen haben, aber noch nicht zu weich gegart sein.

Die Pilze in eine flache Schale füllen und vollständig abkühlen lassen. Gut verschlossen im Kühlschrank über Nacht durchziehen lassen.

Hält sich im Kühlschrank 4–5 Tage frisch.

TOFUWAFFELN MIT TOMATENSALAT

2 Personen
15 Minuten
Garzeit 6 Minuten

VG GF LF

Zutaten
200 g schnittfester Tofu
Olivenöl zum Bestreichen

Tomatensalat
4 Strauchtomaten
1 rote Zwiebel
4 Stängel Basilikum
2 EL Balsamico-Essig
1 TL Rohrohrzucker
2 EL Olivenöl
Salz
frisch gemahlener schwarzer Pfeffer

Nährwerte pro Portion
17 g Eiweiß
16 g Fett
11,3 g Kohlenhydrate
264 kcal
1104 KJ

Den Tofu horizontal in 1 cm dicke Scheiben schneiden. Diese auf beiden Seiten dünn mit Olivenöl bestreichen und im Waffeleisen auf mittlerer Stufe in 2–3 Minuten knusprig und goldbraun backen. Alternativ in einer Grillpfanne scharf anbraten, dabei mit dem Pfannenwender fest in die Pfanne drücken.

Inzwischen für den Salat die Tomaten waschen, halbieren und vom Stielansatz befreien. Die Hälften würfeln. Die Zwiebel abziehen und in dünne Spalten schneiden. Das Basilikum waschen, trocken tupfen, die Blätter abzupfen und klein schneiden, nach Belieben einige ganz lassen zum Garnieren.

In einer Schüssel Tomaten, Zwiebel und Basilikum mit Essig, Zucker und Olivenöl vermengen. Mit Salz und Pfeffer abschmecken, nach Belieben mit ganzen Basilikumblättern garnieren. Den Salat zu den Tofuwaffeln servieren.

Tipp: Rohrohrzucker beeinflusst den Blutzuckerspiegel nicht so stark wie normaler Haushaltszucker. Bei den verschiedenen Unterarten können Sie frei wählen; am besten jedoch die dunkleren (also unraffinierten) Sorten vorziehen. Der nicht ganz kostengünstige Kokosblütenzucker hat eine sehr geringe Auswirkung auf den Blutzucker. Probieren Sie sich durch, viele dieser Zucker bringen einen karamelligen Beigeschmack mit.

KRÄUTERSEITLINGE MIT MANDEL-PETERSILIEN-DRESSING & GERÖSTETER HIRSE

2 Personen
20 Minuten
Garzeit 25 Minuten

VG GF LF

Zutaten
50 g Goldhirse
1 Bund glatte Petersilie
50 g Mandelstifte
1 Zitrone, frisch gepresst
1 EL Ahornsirup
Salz
frisch gemahlener schwarzer Pfeffer
6–8 Kräuterseitlinge (etwa 150 g)
2 EL Olivenöl
½ TL Paprikapulver edelsüß
Bio-Dinkel-Mohn-Cracker von Green Rosin, nach Belieben

Nährwerte pro Portion
12,0 g Eiweiß
24,6 g Fett
26,5 g Kohlenhydrate
389 kcal
1615 KJ

In einem Sieb die Hirse gründlich durchspülen und abtropfen lassen. In einem Topf mit etwa 100 ml kaltem Wasser zum Kochen bringen und 15–20 Minuten bei geschlossenem Deckel und niedriger Temperatur quellen lassen. Vollständig abkühlen lassen.

Inzwischen die Petersilie waschen, trocken tupfen, die Blätter abzupfen und grob hacken. In einer Pfanne ohne Fett die Mandelstifte goldbraun anrösten. Abkühlen lassen, dann in einer kleinen Schüssel mit gehackter Petersilie, Zitronensaft, Ahornsirup und 2–3 Prisen Salz sowie Pfeffer verrühren.

Die Pilze putzen, trocken abreiben und in sehr dünne Scheiben (etwa 5 mm) schneiden. Eine Pfanne mit 1 EL Olivenöl ausstreichen und erhitzen. Die Pilzscheiben darin von beiden Seiten anbraten, portionsweise arbeiten. Auf einer Servierplatte verteilen und mit dem Petersilien-Mandel-Dressing beträufeln.

In derselben Pfanne im restlichen Olivenöl (1 EL) die Hirse 2–3 Minuten unter Wenden anrösten. Mit Salz, Pfeffer sowie Paprikapulver abschmecken. Abschließend die Hirse über die Pilze streuen und nach Belieben mit Bio-Dinkel-Mohn-Crackern servieren.

MEIN KERNIGES BROT

Ergibt 1 Brot (30 cm)
10 Minuten
Garzeit 1½ Stunden

VG LF

Zutaten
75 g Quinoaflocken
75 g Hirseflocken
75 g Leinsamen
75 g Sonnenblumenkerne
75 g Sesam
150 g Getreideflocken-Mischung (Feinblatt; etwa aus Dinkel, Hafer, Roggen, Gerste)
½ EL Salz

Nährwerte pro Scheibe
unter 1 g Eiweiß
4 g Fett
7 g Kohlenhydrate
79 kcal
329 KJ

In einer Schüssel alle Zutaten gut vermischen. Dann 750 ml lauwarmes Wasser angießen, gründlich verrühren und das Ganze mit einem Tuch bedeckt mindestens 6 Stunden (s. Tipp) quellen lassen.

Eine Kastenform (30 cm Länge) mit Backpapier auslegen, die Mischung in die Form füllen und glatt streichen. Das Brot im nicht vorgeheizten Backofen auf mittlerer Schiene bei 200 °C (Ober-/Unterhitze, 180 °C Umluft) 1½ Stunden backen. In der Form abkühlen lassen.

Das vollständig abgekühlte Brot auf ein Brett stürzen, das Backpapier abziehen. Mit einem Sägemesser das Brot in dicke Scheiben schneiden und mit verschiedenen Aufstrichen oder zu Omelett (s. S. 37) genießen.

Tipp: Am besten alles am Abend zuvor mischen und über Nacht quellen lassen. Dann am nächsten Morgen backen. Wird wunderbar saftig!

BOHNEN-CURRY-AUFSTRICH

Ergibt etwa 250 g
10 Minuten

VG GF LF

Zutaten
210 g weiße Bohnen (Dose)
2 TL Currypulver
50 ml Gemüsebrühe
1 Limette, frisch gepresst
3 EL Olivenöl
Salz
frisch gemahlener schwarzer Pfeffer
1 Bund Schnittlauch

Die Bohnen in einem Sieb durchspülen und abtropfen lassen. Im Mixer gemeinsam mit Currypulver, Gemüsebrühe und Limettensaft fein pürieren. Das Olivenöl unterrühren und mit Salz und Pfeffer abschmecken.

Den Schnittlauch waschen, trocken tupfen und in Röllchen schneiden. Vor dem Servieren über den Aufstrich streuen.

Nährwerte pro Portion (50 g)
2,8 g Eiweiß | 6,4 g Fett | 5,3 g Kohlenhydrate | 92 kcal | 385 KJ

GERÖSTETE MÖHRENCREME

Ergibt etwa 300 g
10 Minuten

VG GF LF

Zutaten
200 g Möhren
4 EL Olivenöl
50 g Sonnenblumenkerne
100 ml Gemüsebrühe
1 Zitrone, frisch gepresst
1 TL gemahlene Koriandersamen
Salz
frisch gemahlener schwarzer Pfeffer

Die Möhren putzen, schälen und klein schneiden.

In einer Pfanne das Olivenöl erhitzen. Darin die Möhren mit den Sonnenblumenkernen 5 Minuten unter Rühren anbraten. Die Gemüsebrühe angießen und 5 Minuten kräftig einkochen.

Im Mixer die gerösteten Möhren mit Zitronensaft und Koriandersamen fein pürieren. Mit Salz und Pfeffer abschmecken.

Nährwerte pro Portion (50 g)
2,5 g Eiweiß | 10,8 g Fett | 3,5 g Kohlenhydrate | 124 kcal | 518 KJ

KRÄUTERHUMMUS

Ergibt etwa 300 g
10 Minuten

VG GF LF

Zutaten

je 5 Stängel Petersilie, Basilikum und Minze
1 Knoblauchzehe
260 g Kichererbsen (Dose), abgetropft
etwa 80 ml Gemüsebrühe
½ Zitrone, frisch gepresst
Salz
frisch gemahlener schwarzer Pfeffer
3 EL Olivenöl

Die Kräuter waschen, trocken tupfen und die Blätter von den Stielen zupfen. Einige Blättchen zum Bestreuen beiseitelegen. Den Knoblauch abziehen.

Im Mixer den Großteil der Kräuter gemeinsam mit Knoblauch, Kichererbsen, Gemüsebrühe und Zitronensaft fein pürieren. Das Ganze mit Salz und Pfeffer abschmecken.

Den Hummus in eine Schale geben, mit 2–3 EL Olivenöl beträufeln und die beiseitegelegten Kräuter darüberstreuen.

Nährwerte pro Portion (50 g)
3,6 g Eiweiß | 6,3 g Fett | 6,4 g Kohlenhydrate | 103 kcal | 431 KJ

Hinweis: Die Aufstriche halten sich in fest verschlossenen Schraubgläsern einige Tage im Kühlschrank.

KRÄUTERHUMMUS
(s. S. 93)

GERÖSTETE MÖHRENCREME
(s. S. 92)

BOHNEN-
CURRY-
AUFSTRICH

(s. S. 92)

ZUM MITNEH-MEN

Fitness auf die Hand

Seite 96 – 115

SOMMERROLLEN MIT RUCOLA, MÖHREN & EINGELEGTEM INGWER

2 Personen
20 Minuten

VG GF LF

Zutaten
30 g Glasnudeln
1 TL gemahlene Kurkuma
40 g Rucola
2 kleine Möhren
6 Reisblätter
2 EL eingelegter Ingwer (erhältlich im Asialaden)
Tamari zum Dippen (s. Tipp S. 54)

Nährwerte pro Rolle
unter 1 g Eiweiß
unter 1 g Fett
14,7 g Kohlenhydrate
66 kcal
274 KJ

In einer Schüssel die Glasnudeln mit Kurkuma bestreuen. Das Ganze mit kochendem Wasser überbrühen und 5 Minuten ziehen lassen.

Inzwischen den Rucola putzen, waschen und trocken schleudern. Die Möhren putzen, schälen und der Länge nach in dünne, etwa 5 cm lange Stifte schneiden.

Die Glasnudeln abgießen und nach Belieben mit einer Schere zerschneiden, zum Abkühlen beiseitestellen.

Die Reisblätter nacheinander einige Sekunden in lauwarmes Wasser tauchen. Sobald sie sich biegen lassen, auf der Arbeitsfläche ausbreiten. Mittig im unteren Drittel jeweils wenig Glasnudeln, Rucola, Möhrenstreifen und eingelegten Ingwer darauf verteilen. Die Seitenränder einschlagen und die Sommerrollen fest von unten nach oben aufrollen. So nacheinander sechs Rollen vorbereiten. Mit Tamari zum Dippen servieren.

Tipp: Die Sommerrollen können auch einige Stunden im Voraus gerollt werden, gekühlt und mit Abstand nebeneinander auf Frischhaltefolie (sie kleben sonst) aufbewahren.

Für Gäste einfach alle Zutaten in ausreichender Menge in kleinen Schalen und auf Tellern separat bereitstellen, dann kann sich jeder selbst Lieblingsrollen herstellen.

SOMMERROLLEN MIT TOFU, MANGO, GURKE & SESAM

2 Personen
15 Minuten

VG GF LF

Zutaten
50 g Räuchertofu
½ feste Mango
¼ Salatgurke
2 Schalen Shisokresse (erhältlich im Supermarkt oder Asialaden)
6 Reisblätter
2 EL Sesam
Tamari zum Dippen (s. Tipp S. 54)

Nährwerte pro Rolle
3,1 g Eiweiß
2,3 g Fett
12,5 g Kohlenhydrate
88 kcal
369 KJ

Den Tofu der Länge nach in dünne Streifen schneiden. Die Mango schälen und das Fruchtfleisch in Streifen schneiden. Die Gurke waschen, in etwa 5 cm lange Stücke schneiden und diese in Streifen schneiden. Die Kresse waschen, trocken schütteln und abschneiden.

Die Reisblätter nacheinander einige Sekunden in lauwarmes Wasser tauchen. Sobald sie sich biegen lassen, auf der Arbeitsfläche ausbreiten. Mittig im unteren Drittel mit Sesam bestreuen, dann mit Kresse, Mango, Räuchertofu und Gurke belegen. Die Seitenränder einschlagen und die Sommerrollen fest von unten nach oben aufrollen. So nacheinander sechs Rollen vorbereiten. Mit Tamari zum Dippen servieren.

SOMMERROLLEN MIT SPITZKOHL, GRANATAPFEL & SESAMDIP

2 Personen
20 Minuten

VG GF LF

Zutaten
6–8 Radieschen
½ Kopf Spitzkohl (etwa 200 g)
1 milde rote Chilischote
½ Granatapfel
6 Reisblätter

Sesamdip
1 Stück frischer Ingwer (2 cm)
2 EL Tahin (Sesampaste)
1 Zitrone, frisch gepresst
Salz
frisch gemahlener schwarzer Pfeffer
etwas Schwarzkümmel

Nährwerte pro Rolle
1,9 g Eiweiß
1,9 g Fett
13,2 g Kohlenhydrate
84 kcal
352 KJ

Die Radieschen putzen, waschen und in dünne Scheiben schneiden. Den Spitzkohl waschen, putzen und in Streifen schneiden. Die Chilischote waschen, von Samen befreien (wer es schärfer mag, entfernt die Samen nicht) und in dünne Streifen schneiden. Die Kerne aus dem Granatapfel herauslösen und diese gründlich säubern.

Die Reisblätter nacheinander einige Sekunden in lauwarmes Wasser tauchen. Sobald sie sich biegen lassen, auf der Arbeitsfläche ausbreiten. Mittig im unteren Drittel mit Chilischote, Radieschen, Spitzkohl und Granatapfelkernen belegen. Die Seitenränder einschlagen und die Sommerrollen fest von unten nach oben aufrollen. So sechs Rollen vorbereiten.

Für den Sesamdip den Ingwer schälen und fein reiben. In einer Schüssel Tahin mit Zitronensaft, Ingwer, etwas Salz und Pfeffer verrühren. Für einen extra Kick den Dip mit etwas Schwarzkümmel bestreuen. Separat zu den Sommerrollen servieren.

RADICCHIOWRAP MIT GARNELEN

2 Personen
15 Minuten

VG GF LF

Zutaten
1 Kopf Radicchio
100 g Kelp-Nudeln (s. Tipp)
1 TL Chiliflocken
2 TL geröstetes Sesamöl
1 Avocado
100 g geschälte und gegarte Garnelen (TK-Ware, aufgetaut)
1 Limette, frisch gepresst
Salz
frisch gemahlener schwarzer Pfeffer
6 Stängel Koriander

Nährwerte pro Wrap
3,4 g Eiweiß
6 g Fett
1,9 g Kohlenhydrate
85 kcal
357 KJ

Den Radicchio waschen, den Strunk keilförmig herausschneiden und die größten Blätter einzeln ablösen. In einem Sieb die Kelp-Nudeln unter fließendem Wasser durchspülen, abtropfen lassen, nach Belieben mit einer Schere in kleine Stücke schneiden. In einer Schüssel mit Chiliflocken und Sesamöl vermischen; so einige Minuten marinieren.

Inzwischen die Avocado halbieren, den Stein entfernen und das Fruchtfleisch mit einem Löffel aus den Schalen heben. Die Hälften der Länge nach in dünne Scheiben schneiden. Die Garnelen abspülen, trocken tupfen und mit Limettensaft, Salz und Pfeffer anmachen. Den Koriander waschen, trocken tupfen und die Blätter abzupfen.

Die Radicchioblätter mit Kelp-Nudeln, Avocadospalten, Garnelen und Koriander füllen. Zusammenrollen und mit einem Spieß feststecken.

Tipp: Kelp-Nudeln werden aus Algen hergestellt, erhältlich im Asialaden oder gut sortierten Supermarkt. Ersatzweise Glasnudeln verwenden. Für die Salatwraps sollten Sie möglichst große Blätter verwenden. Sie lassen sich leichter füllen und aufrollen.

KOPFSALATWRAPS MIT ROHER ZUCCHINI, RADIESCHEN & THUNFISCH

2 Personen
15 Minuten

GF LF

Zutaten
1 kleine Zucchini
½ Zitrone, frisch gepresst
2 EL Olivenöl
Salz
frisch gemahlener schwarzer Pfeffer
6 große Kopfsalatblätter
140 g im eigenen Saft eingelegter Thunfisch (Dose)
6 Radieschen
1 TL Kapern

Nährwerte pro Wrap
7,2 g Eiweiß
3,6 g Fett
1,2 g Kohlenhydrate
68 kcal
287 KJ

Die Zucchini waschen, je nach Größe in 5 cm lange Stücke schneiden und diese der Länge nach in dünne Stifte schneiden. In einer Schüssel mit Zitronensaft, Olivenöl, Salz und Pfeffer einige Minuten marinieren.

Inzwischen die Salatblätter waschen und sanft trocken schleudern. Den Thunfisch abtropfen lassen. Die Radieschen waschen, putzen und in hauchdünne Scheiben schneiden. Die Salatblätter mit Zucchini, Thunfisch, Radieschen und Kapern belegen.

Den Wrap nach Belieben zusammenklappen, dann am besten mit Spießen feststecken.

Tipp: Wenn die Salatblätter zu dünn sind, reißen sie schnell beim Feststecken mit Zahnstochern oder Holzspießen. Dann einfach etwas Küchengarn verwenden oder die untere Hälfte fest in Butterbrotpapier einschlagen.

ROMANAWRAPS MIT PUTENBRUST-AUFSCHNITT & ROHEM ROTKOHL

2 Personen
15 Minuten

GF LF

Zutaten
¼ Rotkohl (etwa 250 g)
Salz
frisch gemahlener schwarzer Pfeffer
½ TL Kreuzkümmel
1 EL Olivenöl
1 EL Weißweinessig
¼ Salatgurke
6 Scheiben Putenbrustaufschnitt
6 große Blätter Romanasalat
etwas Brunnenkresse

Nährwerte pro Wrap
5,6 g Eiweiß
2,3 g Fett
2,7 g Kohlenhydrate
57 kcal
242 KJ

Den Rotkohl waschen, putzen und in dünne Streifen hobeln. In einer Schüssel mit Salz, Pfeffer, Kreuzkümmel, Olivenöl und Essig vermischen; so einige Minuten marinieren.

Inzwischen die Gurke waschen und der Länge nach in dünne Streifen schneiden. Die Putenbrustscheiben ebenfalls in Streifen schneiden. Den Salat waschen und sanft trocken schleudern. Die Brunnenkresse waschen und abschneiden.

Die Salatblätter mit Rotkohl, Gurke und Putenfleisch füllen. Nach Belieben mit Brunnenkresse bestreuen. Dann aufrollen, mit Küchengarn umwickeln und servieren.

WRAPS MIT THUNFISCH & MAIS

2 Personen
10 Minuten

LF

Zutaten
1 Zwiebel
125 g Mais (Dose), abgetropft
140 g im eigenen Saft eingelegter Thunfisch (Dose)
4 Wraps aus Kichererbsenmehl (s. unten)
2 EL Tomatenmark
1 Handvoll gemischter Salat
Salz
frisch gemahlener schwarzer Pfeffer

Die Zwiebel abziehen und in dünne Streifen schneiden. In einem Sieb Mais und Thunfisch abtropfen lassen.

Dann vier Wraps auf der Arbeitsfläche auslegen und dünn mit Tomatenmark bestreichen. Den Salat waschen und vorsichtig trocken schleudern, dann auf den Wraps verteilen. Thunfisch, Mais und Zwiebel daraufgeben, mit Salz und Pfeffer würzen, dann aufrollen.

Tipp: Rucola eignet sich hier gut, denn er steuert einen herben, nussigen Geschmack bei, der gut zu dem Thunfisch-Zwiebel-Gemisch passt.

Nährwerte pro Wrap
12,4 g Eiweiß | 2,3 g Fett | 7,7 g Kohlenhydrate | 105 kcal | 441 KJ

GRUNDREZEPT FÜR WRAPS AUS KICHERERBSENMEHL

Ergibt 6 Stück
15 Minuten

VGT

Zutaten
75 g Kichererbsenmehl
25 g Haferflocken (Feinblatt)
Salz
½ TL Paprikapulver edelsüß
1 Ei
Olivenöl zum Braten

In einem hohen Gefäß das Kichererbsenmehl mit Haferflocken, Salz, Paprikapulver, Ei und 120 ml Wasser mit dem Stabmixer pürieren.

Eine Pfanne dünn mit Olivenöl ausstreichen und erhitzen. Darin den Teig (je 1 Suppenkelle pro Wrap) ausbacken. Dafür die Pfanne schwenken, damit sich der Teig gleichmäßig und nicht zu dick verteilt. Die Wraps von beiden Seiten goldbraun braten. So insgesamt sechs Wraps zubereiten.

Die abgekühlten und noch ungefüllten Wraps können fest in Frischhaltefolie gewickelt 1–2 Tage im Kühlschrank aufbewahrt werden.

Nährwerte pro Stück (6 Stück, ungefüllt)
3 g Eiweiß | 3 g Fett | 6,3 g Kohlenhydrate | 65 kcal | 272 KJ

WRAPS MIT OLIVEN-EI-FÜLLUNG

2 Personen
15 Minuten
Garzeit 10 Minuten

VGT LF

Zutaten
2 Eier
50 g grüne oder schwarze Oliven, entsteint
2 EL Olivenöl
Salz
frisch gemahlener schwarzer Pfeffer
½ Spitzkohl (etwa 250 g)
1 EL Weißweinessig
1 Bund Schnittlauch
4 Wraps aus Kichererbsenmehl (s. S. 110)

Nährwerte pro Wrap
6,2 g Eiweiß
1,2 g Fett
7 g Kohlenhydrate
114 kcal
478 KJ

In einem kleinen Topf Wasser zum Kochen bringen, die Eier sanft hineingleiten lassen und in 10 Minuten hart kochen. Anschließend abgießen, eiskalt abschrecken und pellen.

Vier Oliven beiseitestellen, den Rest gemeinsam mit den Eiern fein hacken. In einer Schüssel mit 1 EL Olivenöl verrühren. Mit Salz und Pfeffer abschmecken, beiseitestellen.

Den Spitzkohl waschen, putzen und den Strunk herausschneiden. Den Kohl in feine Streifen schneiden, mit Essig, dem restlichen Olivenöl (1 EL) und 1 Prise Salz marinieren. Am besten kurz mit den Händen einkneten. Den Schnittlauch waschen, trocken tupfen und in Röllchen schneiden.

Dann vier Wraps auf der Arbeitsfläche auslegen, mit der Oliven-Ei-Mischung bestreichen, Spitzkohl, Schnittlauch und je eine Olive darüber verteilen, dann die Wraps aufrollen.

WRAPS MIT APFEL & AVOCADO-MINZE-CREME

2 Personen
10 Minuten

VGT LF

Zutaten
1 Avocado
6 Stängel Minze
1 Zitrone, frisch gepresst
Salz
Cayennepfeffer
1 grüner Apfel (etwa Granny Smith)
1 Kästchen Gartenkresse
4 Wraps aus Kichererbsenmehl (s. S. 110)

Nährwerte pro Portion
3 g Eiweiß
6 g Fett
10,8 g Kohlenhydrate
115 kcal
479 KJ

Die Avocado halbieren, den Stein entfernen und das Fruchtfleisch mit einem Löffel aus den Schalen heben. Die Minze waschen, trocken tupfen, die Blätter abzupfen und dann fein schneiden.

In einer Schüssel die Avocado mit Zitronensaft, Minzeblättern, 2–3 Prisen Salz und etwas Cayennepfeffer mit einer Gabel zu feinem Mus zerdrücken (je nach Belieben kann dieses auch stückiger bleiben).

Den Apfel waschen, halbieren, vom Kerngehäuse befreien und in dünne Streifen schneiden. Die Gartenkresse waschen, trocken schütteln und mit einer Schere abschneiden.

Dann vier Wraps auf der Arbeitsfläche auslegen, mit der Avocado-Minze-Creme bestreichen. Die Apfelscheiben sowie die Kresse darauf verteilen, nach Belieben mit etwas Cayennepfeffer bestreuen, dann die Wraps aufrollen.

HAUPT-SÄCH-LICHES

Einmal »around the world«
Seite 116 – 159

SESAMBROKKOLI MIT TOFU

2 Personen
10 Minuten
Garzeit 10 Minuten

VG GF LF

Zutaten
1 Brokkoli (etwa 500 g)
1 EL geröstetes Sesamöl
200 g Tofu
4 EL Tamari (s. Tipp S. 54)
Salz
frisch gemahlener schwarzer Pfeffer
2 EL Sesam

Nährwerte pro Portion
25,7 g Eiweiß
15 g Fett
9,4 g Kohlenhydrate
289 kcal
1206 KJ

Den Brokkoli waschen und in Röschen teilen, den Stiel großzügig schälen und in kleine Stücke schneiden. Eine Pfanne mit Sesamöl ausstreichen und erhitzen. Darin zuerst die Stücke vom Stiel, dann die Brokkoliröschen insgesamt etwa 7 Minuten kräftig braten.

Inzwischen den Tofu in zwei Scheiben schneiden und in einer Grillpfanne braten, sodass sich Grillspuren zeigen.

Den Brokkoli mit Tamari ablöschen, dann vorsichtig salzen und pfeffern. Den Sesam darüberstreuen und gemeinsam mit dem Tofu servieren.

Tipp: Sesam und Brokkoli sind einfach ein Traumpaar!
An Heute-ess-ich-was-ich-will-Tagen gönnen Sie sich einfach noch den Sesamdip (s. S. 102) dazu.

GEMÜSECURRY MIT RÄUCHERTOFU

2 Personen
20 Minuten
Garzeit 20 Minuten

VG GF LF

Zutaten
1 Stück frischer Ingwer (3 cm)
1 rote Chilischote
1 Knoblauchzehe
2 Möhren
1 kleiner Brokkoli
3 Frühlingszwiebeln
je 1 rote und gelbe Paprikaschote
2 EL Pflanzenöl
2 TL glutenfreie Thai-Curry-Paste
100 ml Gemüsebrühe
150 ml Kokosmilch
Salz
frisch gemahlener schwarzer Pfeffer
8 Stängel Koriander
120 g Räuchertofu
1 Limette

Nährwerte pro Portion
19,7 g Eiweiß
17,9 g Fett
17,5 g Kohlenhydrate
330 kcal
1369 KJ

Den Ingwer schälen und reiben. Die Chilischote waschen, von Samen befreien (wer es schärfer mag, entfernt die Samen nicht) und fein hacken. Den Knoblauch abziehen und hacken. Die Möhren putzen, schälen und in Scheiben schneiden. Den Brokkoli waschen, den Stiel großzügig schälen und in kleine Stücke schneiden. Die Röschen zerteilen. Die Frühlingszwiebeln waschen, putzen und in 2 cm lange Stücke schneiden. Die Paprika waschen, putzen, von Samen befreien und fein würfeln.

In einem Wok (oder einer tiefen Pfanne) das Pflanzenöl erhitzen. Darin Ingwer, Chili und Knoblauch unter Rühren anbraten. In der Pfanne zur Seite schieben, Möhren und Brokkoli (zuerst die Stücke vom Stiel) im Wok etwa 3 Minuten bei hoher Temperatur anbraten. Das Gemüse ebenfalls zur Seite schieben. Abschließend Paprika und Frühlingszwiebeln anbraten.

Dann Thai-Curry-Paste, Gemüsebrühe und Kokosmilch einrühren. Alles aufkochen, mit Salz und Pfeffer abschmecken. Anschließend weiter köcheln lassen.

Inzwischen den Koriander waschen, trocken tupfen und die Blätter abzupfen. Den Räuchertofu würfeln. Beides zum Curry geben. Die Limette in Spalten schneiden und separat zum Curry servieren (jeder kann den Saft frisch über dem eigenen Teller auspressen).

Tipp: Mit seinem intensiven und würzigen Geschmack ist Räuchertofu die perfekte vegane Zutat. Da er schon einiges an Würze mitbringt, seien Sie vorsichtig beim Salzen und Pfeffern, immer zwischendurch probieren!

JAPANISCHER GURKENSALAT MIT RIESENGARNELEN

2 Personen
15 Minuten
Ziehen 30 Minuten

GF LF

Zutaten
1 Salatgurke
2 TL Sesam
1 EL geröstetes Sesamöl
3 EL Tamari (s. Tipp S. 54)
2 Limetten, frisch gepresst
1 EL Ahornsirup
2 EL Erdnusskerne
1 Bund Koriander
150 g Riesengarnelen, geschält und entdarmt
1 EL Olivenöl
Salz
frisch gemahlener schwarzer Pfeffer

Nährwerte pro Portion
20,5 g Eiweiß
14 g Fett
11,1 g Kohlenhydrate
264 kcal
1109 KJ

Die Gurke waschen, schälen und würfeln. In einer Schüssel die Gurke mit Sesam, Sesamöl, Tamari, Limettensaft und Ahornsirup vermischen, beiseitestellen.

Inzwischen in einer Pfanne ohne Fett die Erdnusskerne anrösten, dann in einer Schüssel beiseitestellen.

Den Koriander waschen, trocken tupfen, die Blätter abzupfen und hacken. Die Garnelen abspülen und trocken tupfen. Eine Pfanne mit dem Olivenöl ausstreichen und die Garnelen darin rundum anbraten. Gemeinsam mit gerösteten Erdnusskernen und Koriandergrün unter den Gurkensalat heben. Alles mindestens 30 Minuten durchziehen lassen. Anschließend nach Bedarf mit Salz und Pfeffer abschmecken.

Tipp: Eine kleine Portion Sushireis (falls mal etwas übrig bleibt, s. S. 70) passt bestens dazu.

In manchen Kochbüchern steht, man solle das Innere der Gurke (also die Kerne) entfernen, da es relativ viel Wasser und wenig Fruchtfleisch enthält. Gerade das macht die Gurke jedoch zu einem super Schlank-Food. Also bei mir »mit alles«, ausnahmsweise!

GEBRATENER REIS MIT GERÖSTETEM CHINAKOHL & SPROSSEN

4 Personen
15 Minuten
Garzeit 40 Minuten

VGT GF LF

Zutaten
200 g Vollkornreis
Salz
1 Chinakohl
2 TL Currypulver
3 EL Pflanzenöl
frisch gemahlener schwarzer Pfeffer
1 Bund Schnittlauch
2 TL Sesam
1 TL Koriandersamen, zerstoßen
½ TL Chiliflocken
3 Eier
3 EL gemischte Sprossen (etwa Alfalfa, Linsen, Brokkoli, Bockshornklee, Rucola ...)

Nährwerte pro Portion
11,5 g Eiweiß
15,7 g Fett
44,7 g Kohlenhydrate
374 kcal
1566 KJ

Den Reis in einem Sieb durchspülen, abtropfen lassen. In einem Topf 400 ml Wasser zum Kochen bringen, Reis und 2 Prisen Salz darin verrühren. Sanft und bei geschlossenem Deckel 25–30 Minuten quellen lassen. Den Topf anschließend vom Herd nehmen und den Reis noch 5 Minuten ruhen lassen. Dann auf einem Blech ausbreiten und abkühlen lassen.

Inzwischen den Chinakohl waschen, putzen, der Länge nach vierteln und den Strunk herausschneiden. Die Viertel in mundgerechte Stücke schneiden. In einer Schüssel den Kohl mit dem Currypulver und 1 EL Öl vermischen. Am besten mit den Händen einkneten.

In einer Pfanne den Kohl 5 Minuten kräftig unter Rühren braten. Dabei mit Salz und Pfeffer würzen.

Den Schnittlauch waschen, trocken tupfen und in Röllchen schneiden. In einer zweiten Pfanne das restliche Öl (2 EL) erhitzen. Darin den nun abgekühlten Reis unter Rühren anbraten. Sesam und Koriandersamen, Chiliflocken sowie Schnittlauchröllchen unterrühren. Die Eier in die Pfanne aufschlagen und schnell im Reis verrühren. Alles mit Salz und Pfeffer abschmecken. Nun nur noch gelegentlich rühren und das Ei stocken lassen.

Den Chinakohl mit dem gebratenen Reis und den Sprossen servieren.

ITALIENISCHE GEMÜSE-BROT-SUPPE

4 Personen
20 Minuten
Garzeit 20 Minuten

VG LF

Zutaten

2 Scheiben altbackenes Vollkornbrot
3 EL Olivenöl
4 Strauchtomaten
8 Stangen Staudensellerie mit Grün
2 rote Paprikaschoten
2 Knoblauchzehen
4 Stängel Thymian
1 l Gemüsebrühe
Salz
frisch gemahlener schwarzer Pfeffer
250 g weiße Bohnenkerne (Dose), abgetropft

Nährwerte pro Portion

7,8 g Eiweiß
13 g Fett
23 g Kohlenhydrate
252 kcal
1062 KJ

Den Backofen auf 200 °C (Ober-/Unterhitze, 180 °C Umluft) vorheizen. Das Brot würfeln, mit 2 EL Olivenöl vermischen und die Brotwürfel auf einem mit Backpapier ausgelegten Backblech im Ofen etwa 10 Minuten goldbraun rösten.

Inzwischen die Tomaten waschen, halbieren und vom Stielansatz befreien. Die Hälften würfeln. Den Staudensellerie waschen, putzen, die Blätter beiseitelegen. Die Stangen in Scheiben schneiden. Die Paprika halbieren, waschen, von Samen befreien und die Hälften würfeln. Den Knoblauch abziehen und würfeln. Den Thymian waschen, trocken tupfen und die Blätter abzupfen.

Die Pfanne mit dem restlichen Olivenöl (1 EL) ausstreichen und erhitzen. Darin Knoblauch und Thymian anrösten. Staudensellerie und Paprika zugeben und 2–3 Minuten mitgaren. Die Tomaten zugeben, dann die Gemüsebrühe angießen und alles gemeinsam zum Kochen bringen. Mit Salz und Pfeffer abschmecken. Die Suppe 5 Minuten köcheln lassen. Die Bohnen zugeben und weitere 2–3 Minuten gemeinsam köcheln lassen.

Inzwischen die beiseitegelegten Sellerieblätter klein schneiden. Die heiße Suppe in Suppenschalen schöpfen und mit Sellerieblättern und Brotwürfeln bestreuen.

BLUMENKOHL AUS DEM OFEN MIT MEDITERRANER SALSA

2 Personen
15 Minuten
Garzeit 25 Minuten

VG GF LF

Zutaten
1 Blumenkohl
3 Zweige Thymian
1 Zweig Rosmarin
2 EL Olivenöl
Salz

Salsa
1 Knoblauchzehe
2 Tomaten
2 EL Pinienkerne
4 Stängel Basilikum
3 EL Olivenöl
2 EL Weißweinessig
Salz
frisch gemahlener schwarzer Pfeffer

Nährwerte pro Portion
8,8 g Eiweiß
31,9 g Fett
11,1 g Kohlenhydrate
385 kcal
1611 KJ

Den Backofen auf 200 °C (Ober-/Unterhitze, 180 °C Umluft) vorheizen. Den Blumenkohl waschen und in Röschen teilen. Die Kräuter waschen, trocken tupfen und die Blätter sowie Nadeln abzupfen.

In einer Schüssel die Blumenkohlröschen mit den Kräutern, 2 EL Olivenöl und 2–3 Prisen Salz einige Minuten marinieren.

Den Blumenkohl auf einem mit Backpapier ausgelegten Backblech verteilen. Im Ofen 20–25 Minuten garen.

Für die Salsa den Knoblauch abziehen und hacken. Die Tomaten waschen, halbieren, vom Stielansatz befreien und die Tomatenhälften sehr klein würfeln. In einer Pfanne ohne Fett die Pinienkerne goldbraun rösten. Das Basilikum waschen, trocken tupfen, die Blätter abzupfen und hacken. In einer Schüssel Knoblauch, Tomaten, Pinienkerne und Basilikum mit Olivenöl und Essig verrühren. Mit Salz und Pfeffer abschmecken.

Die Salsa zum Blumenkohl servieren.

Tipp: Für einen schnellen Salat: Bereiten Sie gleich die doppelte Menge Blumenkohl zu und marinieren den restlichen mit etwas Weißweinessig und Salz. Über Nacht durchziehen lassen.

DORADE AUS DEM OFEN AUF GRÜNEM SPARGEL & OLIVEN

2 Personen
15 Minuten
Garzeit 25 Minuten

GF LF

Zutaten
4 Zweige Thymian
2 Zweige Rosmarin
1 Bio-Zitrone
2 küchenfertige Doraden (à etwa 450 g)
Salz
500 g grüner Spargel
1 Zwiebel
50 g grüne Oliven, entsteint
frisch gemahlener schwarzer Pfeffer
3 EL Olivenöl

Nährwerte pro Portion
62,9 g Eiweiß
39,9 g Fett
7,7 g Kohlenhydrate
650 kcal
2732 KJ

Die Kräuter waschen und trocken tupfen. Die Zitrone heiß abwaschen und in Scheiben schneiden. Die Doraden abspülen, auch im Inneren auswaschen, trocken tupfen und rundherum salzen. Mit Thymian, Rosmarin und Zitronenscheiben füllen, beiseitelegen. Den Spargel waschen, die holzigen Enden abschneiden und eventuell das untere Drittel schälen.

Den Backofen auf 200 °C (Ober-/Unterhitze, 180 °C Umluft) vorheizen. Die Zwiebel abziehen und in dünne Spalten schneiden. Spargelstangen, Zwiebel und Oliven in einer ofenfesten Form verteilen. Mit Salz und Pfeffer bestreuen. Die Doraden darauflegen. Das Olivenöl darüberträufeln. Das Ganze im Ofen 20–25 Minuten garen.

Zur Garprobe leicht an der Rückenflosse ziehen, sie sollte sich problemlos lösen.

Die Doraden auf dem Spargelgemüse am Tisch servieren.

TOMATEN-SPINAT-SHAKSHUKA

2 Personen
10 Minuten
Garzeit 15 Minuten

VGT GF LF

Zutaten
1 Zwiebel
5 große Tomaten
400 g Spinat (TK-Ware, aufgetaut)
2 EL Olivenöl
Salz
frisch gemahlener schwarzer Pfeffer
Muskatnuss
4 Eier

Nährwerte pro Portion
20,4 g Eiweiß
21,6 g Fett
8,8 g Kohlenhydrate
372 kcal
1369 KJ

Den Backofen auf 180 °C (Ober-/Unterhitze, 160 °C Umluft) vorheizen. Die Zwiebel abziehen und würfeln. Die Tomaten waschen, halbieren, vom Stielansatz befreien und die Hälften würfeln. In einem Sieb den Spinat abtropfen lassen, leicht ausdrücken.

Eine ofenfeste Pfanne mit Olivenöl ausstreichen und erhitzen. Darin die Zwiebel hellbraun anbraten. Dann den Spinat 2–3 Minuten unter kurzem Rühren mitanschwitzen. Die Tomaten einrühren, alles mit Salz, Pfeffer und Muskat abschmecken. Die Tomaten-Spinat-Shakshuka einige Minuten bei mittlerer bis hoher Temperatur einkochen lassen, kaum rühren.

Nun in die Mischung mit einem Holzlöffel vier Mulden drücken. Dorthinein die Eier aufschlagen, nicht unterrühren. Die Pfanne in den Ofen stellen. Das Ganze in etwa 10 Minuten fertig garen, heiß servieren.

AUBERGINEN-ZUCCHINI-LASAGNE MIT TOMATENSUGO

6 Personen
20 Minuten
Garzeit 1 Stunde

VGT GF LF

Zutaten
3 Zucchini
3 Auberginen
2 Zwiebeln
2 Knoblauchzehen
4 EL Olivenöl, plus mehr für die Form
1,2 kg stückige Tomaten (Dose)
2 TL Mischung aus getrockneten italienischen Kräutern
3 EL Tomatenmark
100 g Quinoaflocken
Salz
frisch gemahlener schwarzer Pfeffer
5 Stängel Petersilie
Parmesan zum Bestreuen
Pinienkerne, geröstet, nach Belieben

Nährwerte pro Portion
9,1 g Eiweiß
8,5 g Fett
23,8 g Kohlenhydrate
223 kcal
935 KJ

Die Zucchini und Auberginen waschen, putzen und jeweils der Länge nach in 5 mm dünne Scheiben schneiden. Die Zwiebeln und den Knoblauch abziehen, beides würfeln. Eine Pfanne mit einem Drittel des Olivenöls ausstreichen und erhitzen. Darin Zwiebeln und Knoblauch anbraten.

Inzwischen den Backofen auf 200 °C (Ober-/Unterhitze, 180 °C Umluft) vorheizen. Tomaten, Kräuter, Tomatenmark und Quinoaflocken in die Pfanne mit Zwiebeln und Knoblauch geben und verrühren. Die Sauce mit Salz und Pfeffer kräftig abschmecken.

Eine Auflaufform (etwa 25 × 30 cm) mit dem restlichen Olivenöl ausstreichen. Mit einer Schicht Aubergine auslegen. Mit der Tomatensauce aus der Pfanne bestreichen und mit Zucchinischeiben belegen. Abwechselnd mit Tomatensauce und Gemüse aufschichten, bis alle Zutaten aufgebraucht sind.

Die Lasagne im Ofen 1 Stunde garen. Herausnehmen, kurz ausdampfen lassen. Inzwischen die Petersilie waschen, trocken tupfen und die Blätter abzupfen, dann hacken. Etwas Parmesan zu Spänen hobeln. Die Lasagne in Stücke schneiden und diese mit frisch gehackter Petersilie, Parmesanspänen und nach Belieben Pinienkernen bestreut servieren.

»EINMAL PRO WOCHE DARF EIN HEUTE-ESSE-ICH-WAS-ICH-WILL-TAG SEIN! DAS IST EINFACH GUT FÜRS SEELISCHE GLEICHGEWICHT.«

CEVICHE MIT GEBRATENEM SÜSSKARTOFFELGEMÜSE

2 Personen
20 Minuten
Garzeit 10 Minuten

GF LF

Zutaten

200 g Kabeljaufilet in Sushiqualität, ohne Haut
2 Limetten, frisch gepresst
1 rote Zwiebel
½ Bund Koriander
1 kleine rote Chilischote
Salz
frisch gemahlener schwarzer Pfeffer
1 Süßkartoffel (etwa 200 g)
3 EL Olivenöl
3 Frühlingszwiebeln
140 g Mais (Dose), abgetropft
1 TL getrockneter Oregano

Nährwerte pro Portion

20,9 g Eiweiß
18,2 g Fett
37,2 g Kohlenhydrate
417 kcal
1752 KJ

Den Kabeljau abspülen, trocken tupfen, in 1 cm große Würfel schneiden und in eine flache Schüssel legen. Den Limettensaft über den Fisch träufeln.

Die Zwiebel abziehen und in dünne Spalten schneiden. Den Koriander waschen, trocken tupfen und die Blätter abzupfen. Die Chilischote waschen, von Samen befreien (wer es schärfer mag, entfernt die Samen nicht) und klein schneiden. Diese vorbereiteten Zutaten unter die Fischwürfel heben, alles salzen und pfeffern. Abgedeckt bis zum Servieren ziehen lassen.

Inzwischen die Süßkartoffel schälen und klein würfeln. Eine große Pfanne mit Olivenöl ausstreichen und erhitzen. Darin die Süßkartoffel in etwa 5 Minuten unter Wenden goldbraun braten; gegebenenfalls zunächst portionsweise arbeiten.

Die Frühlingszwiebeln putzen, waschen und in dünne Ringe schneiden. Frühlingszwiebeln, Mais und Oregano unter die Süßkartoffeln rühren. Den Pfanneninhalt kräftig salzen und pfeffern, alles weitere 2 Minuten braten.

Die bunte Süßkartoffelpfanne gemeinsam mit der Kabeljau-Ceviche servieren.

Tipp: Durch den Limettensaft »gart« der Fisch; das enthaltene Eiweiß wird ähnlich wie beim Kochvorgang denaturiert.

CAESAR SALAD MIT THUNFISCH

2 Personen
15 Minuten

GF LF

Zutaten
Salat
1 Kopf Romanasalat
1 Handvoll Rucola
140 g im eigenen Saft eingelegter Thunfisch (Dose)
200 g kleine Datteltomaten

Dressing
1 Knoblauchzehe
30 g Parmesan, plus mehr zum Bestreuen
100 g Sojajoghurt
2 in Öl eingelegte Sardellenfilets, abgetropft
1 TL Senf
1 Limette, frisch gepresst
Salz
Cayennepfeffer
1 Schale Gartenkresse

Nährwerte pro Portion
29,8 g Eiweiß
6,9 g Fett
7,4 g Kohlenhydrate
222 kcal
936 KJ

Den Romanasalat waschen, putzen und trocken schleudern. Den Strunk herausschneiden und die Blätter in Stücke schneiden. Den Rucola waschen, trocken schleudern und verlesen. In einem Sieb den Thunfisch abtropfen lassen. Die Tomaten waschen, halbieren und vom Stielansatz befreien.

Für das Dressing den Knoblauch abziehen. Den Parmesan fein reiben, noch etwas mehr zum Bestreuen hobeln und beiseitestellen. In einem hohen Gefäß den Joghurt mit Knoblauch, geriebenem Parmesan, Sardellenfilets, Senf und Limettensaft mit dem Stabmixer pürieren. Mit Salz und Cayennepfeffer abschmecken.

Zum Anrichten Salat, Tomaten und Thunfisch auf Teller verteilen und mit dem Dressing überträufeln. Die Gartenkresse waschen, mit der Schere abschneiden und über den Salat streuen. Mit frisch gehobeltem Parmesan servieren.

VOLLKORN-TOSTADAS MIT KÜRBIS & ZUCCHINI

4 Personen
20 Minuten
Garzeit 15 Minuten

GF LF

Zutaten
½ Hokkaido-Kürbis (etwa 500 g)
1 Zucchini
1 Zwiebel
2 Tomaten
6 Zweige Thymian
2 EL Olivenöl
Salz
frisch gemahlener schwarzer Pfeffer
100 ml Gemüsebrühe
4 Vollkorntortillas (erhältlich im Bioladen)

Nährwerte pro Portion
8,1 g Eiweiß
11,3 g Fett
32 g Kohlenhydrate
282 kcal
1186 KJ

Den Kürbis waschen, von Kernen befreien und fein würfeln. Die Zucchini waschen, putzen und ebenso würfeln. Die Zwiebel abziehen und hacken. Die Tomaten waschen, vom Stielansatz befreien und würfeln. Den Thymian waschen, trocken tupfen, die Blätter abzupfen und je nach Größe hacken.

Eine Pfanne mit 1 EL Olivenöl ausstreichen und erhitzen. Darin Zwiebel, Kürbis, Zucchini und Thymian kräftig anbraten. Mit Salz und Pfeffer abschmecken. Die Tomaten und die Gemüsebrühe einrühren, das Ganze ohne Deckel bei mittlerer bis hoher Temperatur dickflüssig einkochen. Die Pfanne vom Herd nehmen und den Inhalt lauwarm abkühlen lassen.

Je zwei Tortillafladen mit der Gemüsemischung bestreichen, die anderen beiden Fladen auflegen und sanft andrücken. Eine Pfanne mit dem restlichen Olivenöl (1 EL) ausstreichen und erhitzen. Die Tostadas mit einem Pfannenwender vorsichtig hineinlegen und darin von beiden Seiten knusprig und goldbraun braten. Zum Wenden ebenfalls den Pfannenwender oder eine breite Palette zu Hilfe nehmen.

Die Tostadas mit einem scharfen Messer in Stücke teilen und servieren.

Tipp: Reste der Gemüsemischung einfach einfrieren und je nach Menge für eine weitere Runde Tostadas oder zu einer Portion Vollkornreis aufbrauchen.

Sie können die Tortillas auch mit Füllung aufrollen, dann werden sie zu Burritos. Dazu die Tortillas zuvor kurz in der Pfanne oder im Ofen erwärmen.

AUBERGINEN AUS DEM OFEN MIT ZIEGENKÄSE & QUINOA

2 Personen
etwa 20 Minuten
Garzeit 50 Minuten

VGT GF

Zutaten
Auberginen
2 Auberginen
2-3 EL grobes Meersalz
3 EL Olivenöl
1 Rolle Ziegenkäse (150 g)

Quinoa
75 g bunte Quinoa
1 Knoblauchzehe
2 TL Olivenöl
20 ml trockener Weißwein
1 Bio-Zitrone
30 g Mandelkerne
Salz
frisch gemahlener schwarzer Pfeffer
1 Bund glatte Petersilie (etwa 80 g)

Nährwerte pro Portion
27,5 g Eiweiß
49,2 g Fett
32,4 g Kohlenhydrate
708 kcal
2948 KJ

Den Backofen auf 220 °C (Ober-/Unterhitze, 200 °C Umluft) vorheizen. Die Auberginen waschen, putzen und der Länge nach halbieren. Ein tiefes Blech mit Meersalz bestreuen. Die Auberginenhälften mit Olivenöl beträufeln und mit der Schnittfläche nach unten auf das Blech legen. Im Ofen etwa 45 Minuten garen.

Inzwischen in einem Sieb die Quinoa gründlich durchspülen, abtropfen lassen. In einem Topf mit 150 ml Wasser zum Kochen bringen. Die Temperatur so niedrig wie möglich einstellen und die Quinoa etwa 8 Minuten köchelnd garen. Anschließend den Topf vom Herd nehmen und die Quinoa bei geschlossenem Deckel noch 5 Minuten quellen lassen.

Den Knoblauch abziehen und würfeln. Eine kleine Pfanne mit 1 TL Olivenöl ausstreichen. Darin den Knoblauch anbraten. Mit Weißwein ablöschen und einkochen lassen.

Die Zitrone heiß abwaschen, trocken tupfen, zwei breite Streifen von der Schale mit dem Sparschäler abziehen und die Zesten in feine Streifen schneiden. Die Mandeln hacken. Diese vorbereiteten Zutaten zur noch warmen Quinoa geben. Die Quinoa mit Zitronensaft, dem restlichen Olivenöl (1 TL), Salz und Pfeffer anmachen, dann vollständig abkühlen lassen. Die Petersilie samt Stielen waschen, trocken tupfen, grob hacken und unter die Quinoa heben.

Die fertig gebackenen Auberginen aus dem Ofen nehmen, das überschüssige Salz abstreifen. Den Ziegenkäse in Scheiben schneiden, auf die Schnittfläche der Auberginenhälften legen und gemeinsam bei eingeschalteter Grillfunktion (oberste Schiene) weitere 2-5 Minuten im Ofen gratinieren.

Zum Anrichten die Quinoa auf den Auberginen mit Ziegenkäsescheiben verteilen.

GERÖSTETE MÖHREN-KICHERERBSEN-PFANNE MIT AVOCADOMUS

2 Personen
15 Minuten
Garzeit 10 Minuten

VG GF LF

Zutaten
400 g Möhren
1 rote Chilischote
1 Stück frischer Ingwer (2 cm)
2 EL Olivenöl
200 g Kichererbsen (Dose), abgetropft
½ TL gemahlener Zimt
½ TL Kreuzkümmel
1 TL Paprikapulver edelsüß
1 TL getrockneter Thymian
Salz
frisch gemahlener schwarzer Pfeffer
Thymianblüten, nach Saison

Avocadomus
1 Bund Schnittlauch
1 Avocado
1 Limette, frisch gepresst
Salz
frisch gemahlener schwarzer Pfeffer

Nährwerte pro Portion
11,2 g Eiweiß
24,6 g Fett
31 g Kohlenhydrate
426 kcal
1785 KJ

Die Möhren putzen, schälen und würfeln. Die Chilischote von den Samen befreien (wer es schärfer mag, entfernt die Samen nicht) und fein würfeln. Den Ingwer schälen und ebenfalls fein würfeln.

Eine Pfanne mit Olivenöl ausstreichen und erhitzen. Darin Möhren, Chilischote, Ingwer und Kichererbsen goldbraun braten. Auch die Gewürze und den Thymian hinzufügen, alles salzen und pfeffern. Bei reduzierter Temperatur garen lassen, bis die Möhren bissfest und gar sind.

Inzwischen für das Mus den Schnittlauch waschen, trocken tupfen und in Röllchen schneiden. Die Avocado halbieren, vom Stein befreien und das Fruchtfleisch mit einem Löffel aus den Schalen heben. In einer Schüssel die Avocado mit einer Gabel zu stückigem Mus zerdrücken. Dieses mit Limettensaft, Salz, Pfeffer und Schnittlauchröllchen vermischen.

Die Möhren-Kichererbsen-Pfanne mit Thymianblüten garnieren und gemeinsam mit dem Avocadomus servieren.

TAJINE MIT GEMÜSE & VOLLKORNREIS

2 Personen
20 Minuten
Garzeit 40 Minuten

VG GF LF

Zutaten
80 g Vollkornreis
Salz
2 Auberginen
1 Zucchini
4 Möhren
1 rote Zwiebel
2 Knoblauchzehen
2 EL Olivenöl
3 Tomaten
2 EL Rosinen
200 ml Gemüsebrühe
frisch gemahlener schwarzer Pfeffer
1 TL gemahlene Koriandersamen
6 Stängel Petersilie

Nährwerte pro Portion
9,4 g Eiweiß
12,2 g Fett
55 g Kohlenhydrate
389 kcal
1629 KJ

In einem Sieb den Vollkornreis gut durchspülen und abtropfen lassen. In einem Topf 240 ml Wasser zum Kochen bringen, Reis und 1 Prise Salz darin verrühren. Den Reis bei geschlossenem Deckel 25–30 Minuten sanft garen. Dann den Topf vom Herd nehmen und bei geschlossenem Deckel den Reis noch weitere 5 Minuten quellen lassen.

Inzwischen die Auberginen und die Zucchini waschen, putzen und würfeln. Die Möhren putzen, schälen und würfeln. Die Zwiebel und den Knoblauch abziehen, beides fein würfeln.

Eine große Pfanne mit Olivenöl ausstreichen und erhitzen. Darin Zwiebel, Knoblauch und anschließend auch das Gemüse 5 Minuten anbraten.

Inzwischen die Tomaten waschen, halbieren und vom Stielansatz befreien. Die Tomatenhälften klein würfeln. Tomaten, Rosinen und Gemüsebrühe in die Pfanne unter das Gemüse rühren. Mit Salz, Pfeffer und Koriandersamen abschmecken. Die Tajine bei geschlossenem Deckel 8–10 Minuten einkochen lassen.

Die Petersilie waschen, trocken tupfen, die Blätter abzupfen und hacken. Die Tajine und den Reis auf Schalen verteilen, mit Petersilie bestreut servieren.

Tipp: Wer eine originale Tajine sein Eigen nennen darf, sollte sie für dieses Rezept natürlich aus dem Küchenschrank hervorzaubern! Man verzichtet dann auf die Röstaromen vom Anbraten, erhält aber ein schonend und doch bissfest gegartes Gemüse.

HÄHNCHEN ORIENTALISCH MIT LINSENGEMÜSE

4 Personen
20 Minuten
Garzeit 45 Minuten

GF LF

Zutaten
1 ganzes Huhn (etwa 1,4 kg)
2 TL Harissa (nordafrik. Gewürzmischung)
2 TL getrockneter Oregano
4 EL Olivenöl
Salz
200 g grüne Linsen
3 Zucchini
4 in Öl eingelegte getrocknete Tomatenfilets, abgetropft
250 ml Gemüsebrühe
frisch gemahlener schwarzer Pfeffer
5 Stängel Minze
5 Stängel Petersilie

Nährwerte pro Portion
46,8 g Eiweiß
16,4 g Fett
38 g Kohlenhydrate
492 kcal
2064 KJ

Den Backofen auf 180 °C (Ober-/Unterhitze, 160 °C Umluft) vorheizen. Das Huhn innen und außen gründlich abspülen, dann trocken tupfen. Mit der Geflügelschere in Schenkel, Flügel, Brust und weitere Stücke (Reste nach Belieben für eine Hühnerbrühe verwenden) schneiden.

In einer kleinen Schüssel Harissa mit Oregano, 2 EL Olivenöl und 1 TL Salz verrühren. Mit dieser Paste das Hähnchenfleisch gründlich einstreichen. Auf einem mit Backpapier ausgelegten Backblech verteilen und im Ofen in 45 Minuten goldbraun garen.

Inzwischen in einem Sieb die Linsen durchspülen und abtropfen lassen. In einem Topf mit 750 ml Wasser zum Kochen bringen. Die Temperatur reduzieren und die Linsen bei geschlossenem Deckel etwa 20 Minuten garen.

Die Zucchini waschen, putzen und fein würfeln. Eine große Pfanne mit dem restlichen Olivenöl (2 EL) ausstreichen und erhitzen. Darin die Zucchini 5 Minuten unter Wenden weich braten.

Die getrockneten Tomaten hacken. Die fertig gegarten Linsen durch ein Sieb abgießen und gemeinsam mit den gehackten Tomatenfilets und der Gemüsebrühe unter die Zucchini rühren. Alles gründlich salzen und pfeffern, dann das Gemüse unter Rühren aufkochen lassen.

Minze und Petersilie waschen, trocken tupfen, die Blätter abzupfen und hacken. Die Kräuter unter das Linsengemüse mischen.

Das fertig gegarte Hähnchenfleisch gemeinsam mit dem Linsengemüse servieren.

FJORDFORELLE AUF GRÜNKOHL-APFEL-GEMÜSE

2 Personen
15 Minuten
Garzeit 20 Minuten

GF

Zutaten
Grünkohl-Apfel-Gemüse
500 g Grünkohl
1 Apfel (etwa Elstar)
1 Zwiebel
½ Bio-Zitrone
20 g Butter
Salz
frisch gemahlener schwarzer Pfeffer
1 EL Ahornsirup
150 ml Gemüsebrühe

Fjordforelle
3 Stängel Dill
2 Fjordforellenfilets, mit Haut
Salz
frisch gemahlener schwarzer Pfeffer
1 EL Olivenöl
1 Zitrone, frisch gepresst

Nährwerte pro Portion
44,7 g Eiweiß
27,9 g Fett
23,3 g Kohlenhydrate
552 kcal
2311 KJ

Den Grünkohl gründlich waschen und die dicken Blattrippen entfernen. Die Blätter klein schneiden. Den Apfel waschen, halbieren und vom Kerngehäuse befreien. Die Hälften in Spalten schneiden. Die Zwiebel abziehen und würfeln. Die Bio-Zitrone heiß abwaschen, trocken tupfen und in Spalten schneiden, zum Anrichten beiseitestellen.

Für die Forelle den Dill waschen, trocken tupfen und klein schneiden, beiseitestellen.

In einer großen Pfanne die Butter zerlassen. Darin Zwiebel und Grünkohl 5 Minuten anschwitzen. Das Gemüse in der Pfanne zur Seite schieben und die Apfelspalten einlegen. Diese 1–2 Minuten mitanschwitzen. Alles salzen und pfeffern. Den Ahornsirup eingießen und die Äpfel kurz karamellisieren lassen. Schließlich die Gemüsebrühe angießen. Gründlich umrühren und das Ganze weitere 3 Minuten bei mittlerer Temperatur garen.

Inzwischen die Forellenfilets abspülen, trocken tupfen und rundherum mit Salz und Pfeffer bestreuen. Eine weitere Pfanne mit Olivenöl ausstreichen und erhitzen. Darin die Filets auf der Hautseite bei niedriger Temperatur goldbraun anbraten. Sobald die Haut knusprig ist, die Filets wenden, mit dem Zitronensaft beträufeln und den Dill darüberstreuen. Den Herd ausschalten und den Pfanneninhalt in etwa 5 Minuten garziehen lassen.

Das Grünkohlgemüse auf Teller verteilen und darauf die Fjordforellenfilets anrichten. Zum Auspressen am Tisch Zitronenspalten reichen.

Tipp: Fjordforellen sind Regenbogenforellen aus Norwegen. Sie sind die einzigen Forellen, die in einem Gemisch aus Salz- und Süßwasser (in den Fjorden trifft Meerwasser auf Schmelzwasser) leben.

WÜRZIGER LACHS AUF KOHLRABI-ORANGEN-GEMÜSE

2 Personen
15 Minuten
Garzeit 20 Minuten

GF LF

Zutaten
2 Lachsfilets (à 200 g), ohne Haut
1 TL Ras el-Hanout (marok. Gewürzmischung)
2 EL Olivenöl
2 Kohlrabis mit Grün
1 Bio-Orange
1 EL Honig
100 ml Gemüsebrühe
50 g Kochcreme auf Sojabasis (erhältlich im Bioladen)
Salz
frisch gemahlener schwarzer Pfeffer

Nährwerte pro Portion
46,4 g Eiweiß
43 g Fett
24 g Kohlenhydrate
683 kcal
2848 KJ

Die Lachsfilets abspülen, trocken tupfen und in einer Schüssel mit dem Ras el-Hanout sowie 1 EL Olivenöl marinieren.

Eine (Grill-)Pfanne stark erhitzen, darin die Lachsfilets bei mittlerer Temperatur von jeder Seite etwa 5 Minuten braten.

Inzwischen den Kohlrabi putzen und schälen. Anschließend halbieren und die Hälften in hauchdünne Spalten schneiden oder hobeln. Wer sich leichter damit tut, kann auch den Sparschäler verwenden und damit das Gemüse in dünne Bänder schneiden. Die jungen Kohlrabiblätter waschen und in dünne Streifen schneiden. Die Orange heiß waschen, trocken tupfen und die Schale mit einem Zestenreißer dünn abziehen. Den Saft der Orange auspressen.

Eine weitere Pfanne mit dem restlichen Olivenöl (1 EL) ausstreichen und erhitzen. Darin die Kohlrabischeiben anschwitzen, gegebenenfalls portionsweise arbeiten. Den Orangensaft sowie Honig, Gemüsebrühe und Kochcreme auf Sojabasis unter den Kohlrabi rühren. Die Flüssigkeit bei geöffnetem Deckel und etwas erhöhter Temperatur einkochen lassen. In wenigen Minuten den Kohlrabi bissfest garen, abschließend mit Salz und Pfeffer abschmecken. Die Kohlrabiblätter unter das Kohlrabigemüse heben.

Das Kohlrabigemüse auf Tellern anrichten, den gebratenen Lachs darauflegen, mit Orangenzesten bestreuen und servieren.

SARDINEN AUF ROTER BETE & SÄUERLICHEM APFEL

2 Personen
15 Minuten
Garzeit 30 Minuten

GF LF

Zutaten
400 g Rote Bete, vorgegart
1 großer säuerlicher Apfel (etwa Boskop)
1 Zwiebel
Salz
frisch gemahlener schwarzer Pfeffer
1 EL Ahornsirup
2 frische Sardinen (oder Heringe; à 400 g)
½ Zitrone, frisch gepresst
6 Stängel Dill

Nährwerte pro Portion
44,4 g Eiweiß
40,1 g Fett
32 g Kohlenhydrate
680 kcal
2849 KJ

Den Backofen auf 200 °C (Ober-/Unterhitze, 180 °C Umluft) vorheizen. Die Rote Bete würfeln. Den Apfel waschen, halbieren, vom Kerngehäuse befreien und würfeln. Die Zwiebel abziehen und ebenfalls würfeln.

Die vorbereiteten Zutaten in einer Backpfanne oder ofenfesten Form verteilen. Den Inhalt salzen, pfeffern und mit Ahornsirup beträufeln.

Die Sardinen innen und außen abspülen, trocken tupfen und dann auf beiden Seiten drei bis vier Mal etwa 1 cm tief einschneiden. Mit Zitronensaft und Salz anmachen, dann die Fische auf das Bett aus Roten Beten und Äpfeln legen. Im Ofen etwa 30 Minuten garen.

Den Dill waschen, trocken tupfen und fein schneiden. Abschließend über den fertig gegarten Fisch streuen und servieren.

Tipp: In der Grillsaison die Sardinen mit Zitronenscheiben und Dill füllen, in Alufolie wickeln und auf dem Grill weich garen. Abschließend ohne Folie auf der heißesten Stelle des Grills bräunen (so kurz, dass sich die Haut nicht ablöst). Das Gemüse wie oben beschrieben zubereiten.

KABELJAU IN TAMARI MIT SENFBLUMENKOHL & SPINAT

2 Personen
15 Minuten
Garzeit 20 Minuten

GF LF

Zutaten

1 Blumenkohl
2 EL Olivenöl
100 ml Gemüsebrühe
2 Kabeljaufilets (à 200 g), ohne Haut
Salz
frisch gemahlener schwarzer Pfeffer
2 EL Tamari (s. Tipp S. 54)
1 EL Honig
50 g Kochcreme auf Sojabasis (erhältlich im Bioladen)
1 EL körniger Senf
80 g Babyspinat

Nährwerte pro Portion

42,6 g Eiweiß
17,3 g Fett
12,3 g Kohlenhydrate
395 kcal
1668 KJ

Den Blumenkohl waschen, putzen und in kleine Röschen teilen. In einem Topf 1 EL Olivenöl erhitzen und darin die Blumenkohlröschen unter Wenden kross anbraten. Die Gemüsebrühe angießen. Den Deckel auflegen und den Blumenkohl in etwa 10 Minuten bissfest garen.

Inzwischen den Kabeljau abspülen, trocken tupfen und rundherum mit Salz und Pfeffer bestreuen. Eine weitere Pfanne mit dem restlichen Olivenöl (1 EL) ausstreichen und erhitzen. Darin die Fischfilets von jeder Seite 2 Minuten braten. Mit Tamari und Honig würzen, bei niedriger Temperatur 5 Minuten garen lassen.

Unter den bissfest gegarten Blumenkohl die Kochcreme auf Sojabasis und den Senf rühren, mit Salz und Pfeffer abschmecken. Den Kohl weitere 2–3 Minuten ohne Deckel garen, dabei die Sauce sämig einkochen lassen.

Inzwischen den Spinat waschen, trocken schleudern und nur ganz kurz im Topf mit dem Blumenkohl zusammenfallen lassen, dann unterheben.

Die Fischfilets auf Teller verteilen, mit etwas Würzsauce aus der Pfanne beträufeln und mit dem Senfblumenkohl servieren.

GETRÄNKE

Gut getrunken ist halb gesättigt!

Seite 160 – 175

INGWER-GURKE-BASILIKUM

Ergibt 1,5 l
5 Minuten

VG LF GF

Zutaten
1 Stück frischer Ingwer (5 cm)
½ Salatgurke
3 Stängel Basilikum

Den Ingwer schälen und in Scheiben schneiden. Die Gurke waschen und in Scheiben oder lange Streifen schneiden. Das Basilikum waschen.

In einer Karaffe sämtliche Zutaten gemeinsam mit 1,5 l kaltem Wasser aufgießen. Am besten 2–3 Stunden im Kühlschrank durchziehen lassen, aber auch nicht viel länger. Über den Tag verteilt trinken.

ORANGE-ZIMT-SELLERIE

Ergibt 1,5 l
5 Minuten

VG LF GF

Zutaten
1 Bio-Orange
2 Stangen Staudensellerie
2 Zimtstangen

Die Orange heiß abwaschen und in Scheiben schneiden. Den Staudensellerie waschen.

In einer Karaffe sämtliche Zutaten gemeinsam mit 1,5 l kaltem Wasser aufgießen. Am besten 2–3 Stunden im Kühlschrank durchziehen lassen, aber auch nicht viel länger. Über den Tag verteilt trinken.

KIWI-HIMBEER-MINZE

Ergibt 1,5 l
5 Minuten

VG LF GF

Zutaten
1 Kiwi
10 Himbeeren
4 Stängel Minze

Die Kiwi schälen und in Scheiben schneiden. Die Himbeeren sanft säubern und verlesen. Die Minze waschen.

In einer Karaffe sämtliche Zutaten gemeinsam mit 1,5 l kaltem Wasser aufgießen. Am besten 2–3 Stunden im Kühlschrank durchziehen lassen, aber auch nicht viel länger. Über den Tag verteilt trinken.

ORANGE-
ZIMT-
SELLERIE
KIWI-
HIMBEER-
MINZE
INGWER-
GURKE-
BASILIKUM

MY GREEN SMOOTHIE

Ergibt 1 Glas à 300 ml
10 Minuten

VG GF LF

Zutaten

1 Handvoll Babyspinat (etwa 50 g)
½ Avocado
1 kleine Birne (etwa Conference)
¼ Salatgurke
1 TL Spirulina-Algen-Pulver (erhältlich im Bioladen)
½ Zitrone, frisch gepresst

Nährwerte pro Portion

3,6 g Eiweiß
8,3 g Fett
17,5 g Kohlenhydrate
158 kcal
723 KJ

Den Spinat waschen, kurz trocken schütteln. Den Stein der Avocado entfernen und das Fruchtfleisch mit einem Löffel aus den Schalen heben. Die Birne waschen, halbieren, vom Kerngehäuse befreien und würfeln. Die Gurke waschen und würfeln.

In einem Hochleistungsmixer alle Zutaten mit 150 ml Wasser in 1 Minute auf höchster Stufe cremig pürieren. Alternativ alles in einem hohen Gefäß mit einem Stabmixer pürieren, nach Bedarf etwas mehr Wasser angießen.

In ein Glas füllen und sofort servieren.

Tipp: Spirulina-Algen sind Blaualgen und zählen zu den ältesten noch existierenden Lebensformen auf unserem Planeten. Sie enthalten viel Eiweiß. Obwohl ich sonst kein Fan von Lebensmittelzusätzen bin, mag ich die grüne Power, die Spirulina diesem Drink noch zusätzlich verleiht.

RED POWER SMOOTHIE

Ergibt 1 Glas à 300 ml
5 Minuten

VG GF LF

Zutaten
50 g roter Babymangold (oder roter junger Blattsalat)
50 g frische Himbeeren (oder TK-Ware, aufgetaut)
1 kleine Banane
1 kleine Rote Bete, vorgegart
1 Msp. Chiliflocken
1 TL Kokosöl, am besten zimmerwarm
½ Zitrone, frisch gepresst

Nährwerte pro Portion
3 g Eiweiß
5 g Fett
31,3 g Kohlenhydrate
203 kcal
849 KJ

Den Mangold waschen, kurz trocken schütteln. Die Himbeeren sanft säubern und verlesen. Die Banane schälen.

In einem Hochleistungsmixer alle Zutaten mit 150 ml Wasser in 1 Minute auf höchster Stufe cremig pürieren. Alternativ alles in einem hohen Gefäß mit einem Stabmixer pürieren, nach Bedarf etwas mehr Wasser angießen.

In ein Glas füllen und sofort servieren.

Tipp: Gut fürs Auge machen sich ein paar sehr schöne Himbeeren auf dem Smoothie.

YELLOW MORNING SMOOTHIE

Ergibt 1 Glas à 300 ml
5 Minuten

VG LF

Zutaten
½ Mango
1 kleiner säuerlicher Apfel (etwa Elstar)
1 Chicorée
1 Stück frische Kurkuma (1 cm; oder 2 TL gemahlene Kurkuma)
1 Stück frischer Ingwer (1 cm)
1 geh. EL Haferflocken (Feinblatt)
1 TL Kokosöl, am besten zimmerwarm
½ Zitrone, frisch gepresst

Nährwerte pro Portion
4 g Eiweiß
6,4 g Fett
33,8 g Kohlenhydrate
227 kcal
945 KJ

Die Mango schälen und das Fruchtfleisch in grobe Stücke schneiden. Den Apfel waschen, vom Kerngehäuse befreien und würfeln. Den Chicorée waschen, putzen und in Stücke schneiden. Die Kurkuma und den Ingwer schälen, beides grob hacken.

In einem Hochleistungsmixer alle Zutaten mit 150 ml Wasser in 1 Minute auf höchster Stufe cremig pürieren. Alternativ alles in einem hohen Gefäß mit einem Stabmixer pürieren, nach Bedarf etwas mehr Wasser angießen.

In ein Glas füllen und sofort servieren.

ICED BLACK TEA MIT ZITRONE & KARDAMOM

Ergibt 1 l
10 Minuten
Abkühlen 20 Minuten

VG LF GF

Zutaten
5 TL schwarzer Tee (etwa Assam oder Earl Grey)
3 grüne Kardamomkapseln
1 Bio-Zitrone
reichlich Eiswürfel

Nährwerte pro Portion
1 g Eiweiß
1 g Fett
1 g Kohlenhydrate
8 kcal
28 KJ

Den schwarzen Tee mit 1 l kochendem Wasser übergießen und 3 Minuten ziehen lassen. Anschließend abseihen.

Die Kardamomkapseln einlegen und den Tee 20 Minuten abkühlen lassen. Die Zitrone heiß abwaschen und in Scheiben schneiden. Gemeinsam mit den Eiswürfeln in Gläsern verteilen. Den abgekühlten Tee durch ein Sieb auf das Eis gießen und servieren.

Tipp: Für ein bisschen Süße wenig Stevia oder Birkenzucker einrühren.

ICED MATCHA-TEE MIT APFEL

Ergibt 700 ml
10 Minuten
Gefrieren 2–3 Stunden

VG GF LF

Zutaten
200 ml Apfelsaft
3 TL Matcha-Tee
1 Bio-Limette

Nährwerte pro Portion
0 g Eiweiß
0 g Fett
12 g Kohlenhydrate
25 kcal
108 KJ

Den Apfelsaft in einen Eiswürfelbehälter füllen und 2–3 Stunden einfrieren.

Zum Ende der Gefrierzeit 500 ml Wasser aufkochen, dann 10 Minuten abkühlen lassen. Den Matcha-Tee mit 2 EL kaltem Wasser verrühren. Das noch warme Wasser angießen und alles verrühren. Vollständig abkühlen lassen.

Die Limette heiß abwaschen und in Scheiben schneiden. Zum Servieren in einem Hochleistungsmixer die Apfeleiswürfel mit dem Matcha-Tee etwa 30 Sekunden (je nach Herstellerangaben) crushen. Alternativ Apfeleiswürfel in einen festen Frischhaltebeutel geben und mit einem Nudelholz crushen, dann mit Matcha-Tee übergießen.

Pro Glas 1 Limettenscheibe einlegen, den Iced Matcha-Tee eingießen.

SOJA-EISKAFFEE

Ergibt 370 ml
5 Minuten
Abkühlen 30 Minuten

VG GF LF

Zutaten
2 Portionen Instant-Espresso
200 ml Sojadrink
120 g Eiswürfel
1 EL Ahornsirup

Nährwerte pro Portion
3,6 g Eiweiß
2,2 g Fett
7 g Kohlenhydrate
63 kcal
261 KJ

Das Espressopulver mit 50 ml kochendem Wasser aufbrühen. Zum Abkühlen beiseitestellen.

Anschließend im Hochleistungsmixer mit Sojadrink, Eiswürfeln und Ahornsirup erst crushen und anschließend in etwa 20 Sekunden cremig mixen. Alternativ crushed Eis verwenden und gemeinsam mit sämtlichen Zutaten im Mixer pürieren.

In Gläser füllen und sofort servieren.

INGWER-ORANGEN-CHILI-SHOT

Ergibt 150 ml
5 Minuten

VG GF LF

Zutaten
1 Stück frischer Ingwer (7 cm)
2 Orangen
½ TL Chiliflocken

Den Ingwer schälen und in Stücke schneiden. Die Orangen samt weißer Haut schälen. Das Fruchtfleisch grob würfeln.

Im Hochleistungsmixer die Orangenstücke gemeinsam mit Ingwer und Chiliflocken fein pürieren. Nach Belieben abseihen oder inklusive Fruchtfleisch genießen.

Die Muntermacher entweder in Portionen von etwa 15 ml (Schnapsglas) ein bis zwei Mal pro Tag genießen oder mit etwas Wasser verdünnen und als Schorle trinken. Der Drink ist im Kühlschrank 4–5 Tage haltbar.

INGWER-KRÄUTER-SHOT

Ergibt 150 ml
5 Minuten

VG GF LF

Zutaten
80 g frisches Grün (etwa Petersilie, Schnittlauch, Bärlauch, Dill, Thymian, Basilikum, Kerbel, Kresse, Babyspinat …)
1 Stück frischer Ingwer (7 cm)
2 Zitronen, frisch gepresst

Die Kräuter waschen, trocken tupfen und grob hacken. Den Ingwer schälen und in Stücke schneiden.

Im Hochleistungsmixer Kräuter, Ingwer und Zitronensaft mit 150 ml Wasser fein pürieren. Nach Belieben abseihen oder inklusive Fruchtfleisch genießen.

Diese Muntermacher entweder in Portionen von etwa 15 ml (Schnapsglas) ein bis zwei Mal pro Tag genießen oder mit etwas Wasser verdünnen und als Schorle trinken. Der Drink ist im Kühlschrank 4–5 Tage haltbar.

FIT MIT FRANK & IRÈNE

Abnehmen – fit werden – gesund leben

Seite 176 – 185

GUT, DASS IHR HIER SEID!

... und das hat einen guten Grund: Ihr sucht nach Veränderung und nach einem besseren Körpergefühl. Bei mir seid ihr genau richtig, ich bin nämlich in Sport »verliebt«, seit ich drei Jahre alt bin. Ich habe den größten Teil meines Lebens in Südafrika verbracht und bin für den Job nach Berlin gekommen. Sport hat in meinem Leben schon immer eine große Rolle gespielt. Meine Mutter hatte eine Ballettschule, bei uns in der ganzen Familie war Sport – ob Tennis, Ski oder Tanzen – Teil des Alltags.

Sport gehört, ebenso wie Ernährung, zu den Themen, bei denen viele reinquatschen. Was für beide Bereiche enorm wichtig ist, ist eine gesunde Einstellung, damit man sich gut fühlt. Mir geht es nicht um strenge Regeln und Verbote, sondern darum, den richtigen Weg für jeden von euch zu finden. Und wie das gehen soll, zeige ich euch hier. Lasst euch einfach darauf ein: Denn Sport und Bewegung können so viel mehr für euch sein als das vermeintliche Streben nach perfektem Aussehen.

Zeit, etwas zu ändern!

Wer etwas verändern will, muss es auch wollen, die richtige Einstellung zählt. Ihr seid hier, das ist der erste Schritt. Ihr habt also eigentlich schon angefangen, einen neuen Weg einzuschlagen! Euer erstes Training, nämlich das Umdenken, hat begonnen. Nun will ich euch aber nicht etwas erzählen von »ihr dürft nicht«, »ihr sollt aber«. Es gibt kein Richtig und kein Falsch, denn am Anfang zählt tatsächlich nur eines: einfach anfangen. Ob ihr nun die Treppe statt den Aufzug nehmt, nur noch einen Löffel Zucker statt drei in den Morgenkaffee kippt oder die Laufschuhe wieder hervorholt. Jeder Schritt ist gut und richtig.

Jetzt müssen wir aber gleich etwas rausschmeißen aus eurem Reisegepäck, nämlich die Idee von einem perfekten Körper mit Sixpack, starkem Bizeps und knackigem Po. Ich liebe Sport nicht, weil er meinen Körper strafft und mich gut aussehen lässt. Bewegung macht mich einfach glücklich. Und dieses Gefühl will ich unbedingt mit euch teilen.

»One size fits all«, also eine Lösung für alle, gibt es nicht, das musste Frank ja auch schon erkennen. Kleine Vorwarnung: Auf eurem Weg müsst ihr euch viel mit euch selbst auseinandersetzen und euch mental den »quick fixes«, also den schnellen, aber nicht nachhaltigen Lösungen, entgegenstellen: Was will ich erreichen, wie kann ich meine Ressourcen (Zeit, Geld und Motivation) dafür einsetzen und, die

größte Frage überhaupt, die immer wieder aufblitzt: Warum tue ich mir das alles eigentlich an? Veränderungen beginnen immer im Kopf. Und dort werden sie auch »bekämpft«. Aber jetzt mal ganz ehrlich: Lasst euch nicht von anderen erzählen, ihr müsst unbedingt was für euch und eure Gesundheit tun. Hört auf euer Gefühl, euren Körper. Dann sind die ersten Schritte in eine andere Richtung ganz leicht.

Zu Beginn habe ich Ihnen ja schon von Irène Scholz vorgeschwärmt. Sie ist Gesundheits- und Fitnesscoach und wird auch bei Ihnen den inneren Schweinehund aus seiner ach-so-bequemen Ecke hervorlocken, garantiert!

ZEIT FÜR DAS WICHTIGSTE: MOTIVATION!

Hier kommen ein paar Ansätze, die euch vielleicht dabei helfen können, eine nachhaltige Beziehung zum Thema Bewegung aufzubauen. Sie sollen euch im täglichen Stress dabei helfen, euren Weg nicht aus den Augen zu verlieren:

1 Bewegung = Leben

Eigentlich so simpel, und doch muss man sich das mal vor Augen führen: Unser Leben ist erfüllt von Bewegungen, obwohl wir durch sitzende Tätigkeiten häufig darin beschränkt werden (aber auch dafür gibt's Abhilfe!).

2 Sport ist gut für euer Herz

Das Herz ist ein Muskel. Und Muskeln stärkt man bekanntermaßen durchs Trainieren. Mit einem starken Herzmuskel wird das Blut effizienter durch den Körper gepumpt, das Herz muss somit seltener schlagen. Dadurch wird es geschont und der Muskel kann in den Pausen zwischen zwei Schlägen besser durchblutet werden. Ein bisschen Training lohnt sich also!

3 Sport macht starke Knochen

Ab dem 35. Lebensjahr etwa nimmt die Knochendichte nach und nach ab. Unsere Knochen brauchen vermehrt das richtige Training, damit sie weiterhin neue Knochensubstanz bilden. Sonst steigt das Risiko der Osteoporose, also auch für Knochenbrüche. Und die können im fortgeschrittenen Alter zumindest für längere Krankenhausaufenthalte sorgen.

4 Sport hilft beim Abnehmen

Übergewicht belastet nicht nur Gelenke und Knochen, zu viel Fett (vor allem am Bauch) macht außerdem krank. Beim Abnehmen geht es also vor allem darum, Krankheiten vorzubeugen. Daher ist es auch am besten, ihr lasst euch zu Beginn eurer Abnehmreise einmal durchchecken. Das erledigt ein Allgemeinarzt, die Apotheke oder auch ein Fitnessstudio. Dabei werden Muskel- und Fettmasse festgestellt, Blutdruck, Ruhepuls etc. gemessen. Auch der Grundumsatz ist eine wichtige Komponente, das ist die Anzahl an Kalorien, die euer Körper im Ruhezustand verbraucht. Und der erhöht sich ebenfalls durch mehr Bewegung!

5 Sport fühlt sich gut an

Trainiert regelmäßig und ihr freundet euch mit eurem Körper neu an, ein wunderbares Wohlgefühl stellt sich ein. Sport gleicht nicht nur die Körperfunktionen aus, auch euer Geist wird angeregt. Bald werdet ihr außerdem merken, dass ihr besser und ruhiger schlaft. Wenn der Körper gefordert ist, braucht er auch Ruhepausen, und in der Nacht wird dann regeneriert. Ich empfehle unbedingt 6–8 Stunden Schlaf für Menschen unter 65 Lebensjahren.

Essen ist Leben!

Dass auch die richtige Ernährung wichtig ist für einen gesunden Körper, habt ihr ja schon im ersten Teil mit Frank gesehen: viel Gemüse essen, viel Wasser trinken, wenig »Bequemes« wie Tiefkühlkost und Fast Food. Mein Tipp: Genießt es, eurem Körper etwas Gutes zu tun! Dazu gehört auch eine Vorausplanung inklusive Einkaufszettel für die Woche. Aber auch hier gilt: Lasst euch Zeit! Das mit den Regeln ist so ein Ding. Kaum hat man sie aufgestellt, schon möchte man sie brechen. Es muss nicht alles auf einmal passieren. Aber denkt daran: Die Qualität unseres Essens hat einen direkten Einfluss auf die Qualität unseres Lebens.

Ernährung und Sport sind ein unschlagbares Team. Beides muss individuell auf euch abgestimmt sein, damit es Spaß macht und Wirkung zeigt. Bei Frank haben wir bei den Übungen (folgende Doppelseiten) auch darauf geachtet, dass sie mit nur 30 Minuten täglich in seinen vollen Terminkalender hineinpassen - eine Voraussetzung, die sicher für viele von euch gilt. Vieles könnt ihr ohne Fitnessstudio oder Hilfsgeräte trainieren - einfach anfangen, und schon seid ihr dabei!

Euer neuer Körper in 3 Phasen

- Wie fange ich bloß an?

  Habt ihr eigentlich schon! Macht weiter mit dem, was ihr habt, an dem Ort, wo ihr seid, und in der Zeit, die euch zur Verfügung steht. Lasst in eurem Kopf keine Ausreden zu (wie etwa »zu wenig Zeit«, »ich halte eh nicht durch«, »das kriege ich nie im Leben hin«, »zu kompliziert« ...). Wer es wirklich will, fängt einfach an. Mit kleinen Schritten, aber viel Genuss, bitte!

- Wie halte ich bloß durch?

  Abwechslung und Vielfalt! Der Trick ist: Denkt spielerisch, macht auch mal was anderes als eure Routine. Wer mit Spaß, aber ohne Druck (ob nun von außen oder von euch selbst) trainiert, dem gelingt am ehesten eine nachhaltige Grundlage.

- Wie werde ich denn besser?

  Bald werdet ihr tatsächlich »angefixt« sein und ihr wollt vielleicht noch mehr, schneller, weiter. Feiert kleine Erfolge! Aber auch hier gilt: Hört auf euren Körper, mutet euch nicht zu viel zu (und seid dann enttäuscht), sondern lernt lieber wie ein Baby erst das Krabbeln und dann das Laufen.

Euer Feind, der Alltag

Sitzen ist das neue Rauchen: Die meisten von uns verbringen einen Großteil des Tages im verflixten 90-Grad-Winkel. Der kommt bei unserem Körper gar nicht gut an. Er reagiert mit Muskelverkürzung und -abbau, Gelenkschmerzen bis hin zu Haltungsschwächen und Schmerzen, die uns dann auch in anderen Positionen verfolgen.

Wenn ihr bei eurer Arbeit viel sitzt, dann gibt es nur eine Lösung: aufstehen und bewegen. Während des Sitzens solltet ihr regelmäßig eure Sitzposition ändern und mindestens alle 30 Minuten komplett aufstehen. Am besten einen Timer auf 30 Minuten einstellen. Und wenn er piept, jedes Mal ein Glas Wasser holen. Damit schlagt ihr zwei Fliegen mit einer Klappe: Hydration und Bewegung.

Es gibt natürlich noch mehr Ideen, seid kreativ! Im Unternehmen können auch mal Meetings im Stehen abgehalten werden, und vielleicht finden sich ja noch ein paar Gymnastikbälle von der letzten Ergo-Schulung. Arbeitet bewusst an eurer Haltung und korrigiert sie auch beim Arbeiten!

Auch auf (längeren) Reisen ist Bewegung wirklich wichtig. Vor Beginn solltet ihr euch etwa fünf Übungen aussuchen, die euch und vor allem euren Kreislauf wieder in Schwung bringen. Wartezeit am Gate oder Bahnsteig kann man mit Squats oder Lunges (folgende Seiten) verkürzen. Dehnt euch an Armen, Rücken und Beinen, dann ist alles gut durchblutet. Schulter-, Hüft- und Armkreise lassen Gelenke geschmeidig werden. Und kleine Bewegungen sind auch im Sitzen möglich, etwa Fersen anheben, Fußkreisen oder Arme ausstrecken.

Frank hat häufig das umgekehrte Problem: Wer viel stehen muss bei der Arbeit, bekommt schnell Ärger mit Rückenmuskulatur und Knien, wenn kein Sport als Ausgleich getrieben wird. Auch da er beruflich häufig unterwegs ist, ist die Umsetzung einer

regelmäßigen bewussten Ernährung und eines Sportprogramms schwierig. Franks Alltag war eine Herausforderung, sowohl für eine ausgewogene Ernährung als auch für passende Übungen, die sich gut in seinen Tagesablauf (mit vielen Reisen und Geschäftsessen) integrieren lassen. Wenn aber selbst Frank mitzieht, dann schafft ihr das auch, oder?

7× FIT MIT IRÈNE

Diese Übungen täglich so wiederholen, dass sich 30 Minuten insgesamt ergeben. Eine solche eher simple Routine kann bald langweilig werden, doch für den Anfang ist sie genau das Richtige, damit ihr euch an die tägliche bewusste Bewegung gewöhnt und sie genießen lernt!

1 Squat / Kniebeugen

Positionieren: Füße stehen schulterbreit, Fußzehen leicht nach außen gedreht, Schienbeine parallel ausgerichtet. Die Knie bilden im Stand eine Linie mit den Füßen, die Wirbelsäule ist aufrecht. Die Schulterblätter ziehen nach hinten und unten zusammen, als wollten sie sich in der Mitte berühren. Der Blick geht nach vorn.

Nun mit dem Po nach unten gehen und wieder hochdrücken. Der Rücken bleibt aufrecht, der Blick nach vorn gerichtet.

Vermeiden: Die Knie sollten im Squat nicht über die Füße hinausragen; dafür den Po schön weit hinten lassen (ist auch fordernder).

2 Push-up / Liegestütz

Positionieren: Aus dem Vierfüßlerstand heraus die Fußzehen aufstellen, die Beine durchstrecken. Die breit gefächerten Hände stehen genau unter den Schultern, die Ellbogen liegen nah am Körper. Der Körper bildet eine gerade Linie (von der Seite gesehen).

Nun den Oberkörper absenken, die gerade Linie im Körper beibehalten, die Ellbogen bleiben nah am Körper. Nicht komplett ablegen, kurz bevor der Körper den Boden berührt, wieder hoch- und die Arme durchdrücken.

Vermeiden: Weder Becken noch unterer Rücken sollten beim Push-up durchhängen.

3 Row / Rudern

Benötigt: elastisches Fitnessband

Positionieren: In aufrechter Körperposition im hüftbreiten Stand die Mitte des Bandes unter die Fußballen legen. Die Enden schulterbreit auf Kniehöhe greifen. Der Rücken ist gerade, Po weit nach hinten gestreckt, die Arme sind lang. Sie bleiben nah am Körper beim Hochziehen des Bandes!

Nun langsam und kontrolliert das Band nach oben ziehen. Die Ellbogen knicken ab, bleiben dabei aber nah am Körper. Kurz halten, dann wieder in die Ausgangsposition.

Vermeiden: Keinen Rundrücken im oberen Schulterbereich machen.

4 Lunge / Ausfallschritt

Positionieren: Füße stehen schulterbreit, Fußzehen nach vorn ausgerichtet.

Nun einen großen Schritt nach vorne machen, bei beiden Beinen sollte sich ein 90-Grad-Winkel ergeben. Das Gewicht bleibt gleichmäßig auf beiden Beinen verteilt. Den Schritt zurück machen und mit dem anderen Fuß nach vorne.

Vermeiden: Runder Rücken, das vordere Knie sollte eine Linie mit dem Fuß bilden.

5 Low Plank / Brett

Positionieren: Startposition wie beim Push-up einnehmen, aber auf den Unterarmen. Die Ellbogen sind dabei genau unterhalb der Schultern. Als Trick den Boden von sich »wegdrücken«, dann sinken die Schultern nicht zu nah an die Ohren. Der gesamte Körper sollte gespannt sein, Bauchnabel einziehen.

Nun die Position halten, zur Herausforderung abwechselnd unter Spannung je ein Bein vom Boden abheben und wieder absetzen, dabei nicht anwinkeln.

Vermeiden: Weder Becken noch unterer Rücken sollten hier durchhängen.

6 Cardio Jumping Jacks / Hampelmann

Positionieren: Startposition ist die aufrechte Körperposition mit hüftbreitem Stand.

Nun mit den Beinen auseinander in breite Position springen. Die Arme dabei nach oben über den Kopf führen, dort klatschen. Beim Zurückspringen in die schmale Position, die Arme wieder nach unten führen. Zur Herausforderung die Arme vor dem Körper zusammenführen statt über dem Kopf.

Vermeiden: Die Füße sollten beim Aufsetzen leicht und kontrolliert abrollen, nicht hörbar landen.

7 High Knees / Knieheben

Positionieren: Startposition ist der schulterbreite Stand (s. Squat). Der Brustkorb strebt gegen die Decke, Bauchmuskeln sind angespannt.

Nun die Knie abwechselnd Richtung Brust hochziehen, dabei jeweils den gegenüberliegenden Ellbogen zum hochgezogenen Knie führen. Der Bewegungsablauf kann auch im Hüpfen und schneller ausgeführt werden.

Vermeiden: Die Übung soll langsam und kontrolliert mit angespanntem Körper durchgeführt werden. Den Oberkörper nicht drehen, mit den Füßen sanft landen.

»HÖREN SIE AUF IHREN KÖRPER. DER ANGESTREBTE ERNÄHRUNGSSTIL MUSS ZU IHREM LEBEN PASSEN.«

REGISTER

T

V

W

Z

Penguin Random House

Rezepte und Texte Frank Rosin und Susann Kreihe
Texte Sportteil Irène Scholz
Peoplefotografie und Coverfoto Ingolf Hatz, www.ingolfhatz.com
Sportfotografie @by_manubecerra
Foodfotografie Julia Hildebrand & Ingolf Hatz, www.augustundjuli.de
Styling und Setdesign Julia Hildebrand
Foodstyling Kathrin Augustin, Julia Hildebrand
Illustrationen ©123RF.com: Ekaterina Grigoreva (8); frescomovie (20, 44, 62, 116, 160); kotiskin (176); Igor Netkoff (8, 20, 44, 62, 80, 96, 116, 160, 176); seydoux (20, 44, 62, 80, 96, 116, 160)
Leinenstruktur Cover ©123RF.com: karandaev

Lektorat Annika Genning, Text-Genuss
Innen- und Covergestaltung, Typografie, Realisation Studio Rio, Laura Breier, Lisa Mörtl

Für den DK Verlag:
Programmleitung Monika Schlitzer
Redaktionsleitung und Projektbetreuung Anne Heinel
Herstellungsleitung Dorothee Whittaker
Herstellungskoordination Bettina Bähnsch
Herstellung Inga Reinke

ISBN 978-3-8310-3875-6

Repro Farbsatz, Neuried/München
Druck und Bindung Firmengruppe Appl, aprinta Druck GmbH, Wemding

FSC www.fsc.org
MIX
Papier aus verantwortungsvollen Quellen
FSC® C004592

www.dorlingkindersley.de

Hinweis
Die Informationen und Ratschläge in diesem Buch sind von den Autoren und vom Verlag sorgfältig erwogen und geprüft, dennoch kann eine Garantie nicht übernommen werden. Eine Haftung der Autoren bzw. des Verlags und seiner Beauftragten für Personen-, Sach- und Vermögensschäden ist ausgeschlossen.